POLITIQUE

A L'USAGE DU PEUPLE.

Imprimerie de Mme Poussin, rue Mignon, 2.

POLITIQUE

A

L'USAGE DU PEUPLE,

RECUEIL

DES ARTICLES PUBLIÉS DANS *LE MONDE*

(Du 10 février au 4 juin 1837),

La *Revue des Deux Mondes* et la *Revue du Progrès* ;

PRÉCÉDÉ D'UNE PRÉFACE

PAR

F. LAMENNAIS.

TOME I.

[illegible]e Édition augmentée.

PARIS,

PAGNERRE, ÉDITEUR,

RUE DE SEINE, 14 BIS.

1839

PRÉFACE.

Nous voyons, depuis quelques mois, se développer avec une rapidité croissante le système politique dont les premières bases furent posées, après la révolution de juillet, par des hommes qui, certes, ne l'avoient ni prévue, ni faite, mais qui se trouvèrent prêts à s'en emparer, pour la fausser dans son principe et la dénaturer dans ses conséquences; préparant ainsi, dès le premier instant, tout ce que nous avons vu se produire ensuite, le malaise profond qui fatigue la France, la sourde inquiétude qui l'agite, les maux qui la désolent et qui se multiplient d'année en année.

Elle avoit conçu de grandes et justes, et généreuses espérances : où ont-elles abouti? Qu'en a-t-on fait?

La servitude au-dedans, la servitude au moins de l'immense majorité de la nation privée de ses droits d'homme et de citoyen, simple matière exploitable, vile plèbe née pour travailler au profit de ses maîtres, pour payer et pour obéir; l'humiliation au-dehors, un abaissement tel que les ignominies du règne de Louis XV étoient en comparaison presque de la gloire : tels ont été les résultats des hautes combinaisons de la sagesse qui préside à nos destinées et de ses pensées immuables. Nous sommes devenus comme peuple *un je ne sais quoi qui n'a de nom dans aucune langue*. Il n'en sera pas, certes, toujours ainsi, nous sortirons de cette fange; mais enfin voilà notre état présent.

On nous y a conduits au nom de la prospérité industrielle et commerciale, des intérêts matériels placés dans l'estime du gouvernement au-dessus de tous les autres, transformés en une sorte de religion; et, au bout de neuf ans à peine, il se trouve que ces intérêts ne furent jamais plus compromis, plus en souffrance. Qu'avons-nous, en effet, sous les yeux? Une gêne universelle, une effrayante misère, le crédit chancelant, les greffes encombrés de déclarations de faillites, les ateliers déserts, le travail arrêté faute de vente, et les ouvriers manquant de pain. Le pouvoir, par ses fausses mesures ou par son incurie, a enlevé à la production une partie de ses débouchés en Espagne, en Suisse, en Allemagne, dans l'Amérique du sud. Comptez les marchés qu'il a fermés au fabricant, au cultivateur. On diroit qu'il se plaît à lutter contre l'actif génie de la France et la fertilité de son sol. Tout en menaçant l'avenir de l'industrie du sucre indigène, il regarde froidement se consommer la ruine des colonies et, à quelque degré, du commerce maritime, qui vainement réclament une décision refusée toujours.

Quel souci a-t-il eu des moyens généraux de développement à l'intérieur? Il n'est pas en Europe, l'Espagne exceptée, un pays sous ce rapport plus arriéré que le nôtre, où l'on se soit occupé avec moins de suite et d'intelligence d'améliorer et de multiplier les voies de communication, qui possède, proportionnellement à son étendue et à ses ressources, moins de canaux et de chemins de fer.

Ce sont là des faits, qu'on les explique, qu'on nous dise en quoi le système que nous subissons a réellement servi ces intérêts matériels sur lesquels le pouvoir fonde ses titres les plus certains à la reconnoissance publique, les intérêts dont il affecte de se déclarer d'une manière spéciale le défenseur et le représentant.

Personne aujourd'hui n'en doute, il ne représente, il ne défend, il n'a jamais défendu, représenté que lui-même. Il n'eut jamais qu'un but, vers lequel il n'a cessé de marcher invariablement, s'aidant, selon les circonstances, de la force et de l'astuce, long-temps habile à tromper la foule, et corrompant ce qui auroit pu lui opposer quelque résistance. Or ce but, maintenant connu de tous, évident à tous, ce but auquel on a constamment tout subordonné, tout sacrifié, la puissance du pays, sa prospérité, son honneur même, n'est autre, et on l'avoue, que l'établissement de l'absolutisme, la contre-révolution déguisée sous des formes extérieures de liberté purement apparente.

Que veut-on en effet? Une royauté sans contrôle, dans laquelle se concentre la direction de toutes les affaires, des commis appelés ministres, une Chambre si dépendante qu'elle ne soit en réalité qu'un simple conseil; et encore est-ce trop dire, car on s'irrite même de ses plus modestes, de ses plus timides représentations, et l'on tend à faire d'elle ce qu'est devenue la Chambre des pairs, un bureau d'enregistrement, une machine à voter le budget, et c'est ainsi que la question a été posée sous le ministère précédent, qu'elle l'est par la presse de cour à présent même. L'absence prolongée d'un gouvernement sérieux, l'impossibilité où depuis deux mois l'on est d'en former un, la nécessité de vivre d'expédiens, de s'en aller au jour le jour, de provisoire en provisoire, n'a point d'autre cause, et cette cause inhérente à l'ordre ou au désordre actuel ne cessera de ramener les mêmes effets, jusqu'à ce qu'il ne s'opère dans l'état politique du pays quelque changement fondamental.

La cour veut ce que la Chambre, quelle que soit d'ailleurs la flexibilité individuelle de ses membres, ne peut vouloir comme corps, car elle ne peut, comme corps, s'empêcher d'être le représentant très imparfait sans doute, mais enfin le représentant tel quel de la démocratie ou de la nation entière; s'empêcher d'être dans tous les sens le premier pouvoir de l'Etat, ni par conséquent se dessaisir de l'autorité souveraine qu'elle possède de fait, malgré les fictions constitutionnelles.

Mais ce qu'elle veut comme premier pouvoir, comme pouvoir souverain, la cour non plus ne le peut vouloir, car elle aspire aussi à la souveraineté, sans laquelle n'étant rien, elle sent que son existence même seroit très gravement compromise. A quoi bon, ne tarderoit pas à se demander le pays, à quoi bon un rouage inutile et par là même embarrassant dans l'organisation politique?

La cour a donc raison, pour n'être pas jugée inutile et embarrassante, de s'efforcer d'attirer à elle le pouvoir souverain que la Chambre veut garder, parce qu'il est aussi son existence même ; et, soit que la Chambre, soit que la cour l'emporte dans cette lutte, où il s'agit pour toutes deux de la vie ou de la mort, l'issue évidemment ne peut être qu'un changement radical dans la constitution de l'Etat, puisqu'en réalité un des pouvoirs constitutionnels seroit annulé.

Mais prenons la question dans les termes mêmes où la posent les deux pouvoirs rivaux.

La Chambre, par l'organe de la coalition, dit : Le roi règne et ne gouverne pas.

La cour dit : Le roi règne et gouverne.

Si le roi règne et gouverne, les ministres ne peuvent être que de purs instrumens qui exécutent ce qu'il a réglé, décidé, sans qu'ils puissent jamais rien décider eux-mêmes, ni refuser d'exécuter les décisions du roi; autrement ce seroient eux qui gouverneroient, et non pas le roi.

Si les ministres n'ont ainsi qu'un rôle passif dans le gouvernement, si leurs fonctions se bornent à exécuter les ordres du roi, la Chambre ne sauroit avoir aucuns motifs de désirer jamais un changement de ministère, car ce changement n'en apporte aucun dans le système du gouvernement, qui n'est pas le système des ministres qui s'en vont, mais du roi qui reste.

Elle ne peut non plus raisonnablement user de son influence pour forcer le roi à se séparer de ses ministres; car, d'une part, il seroit absurde que celui qui gouverne de droit ne fût pas libre dans le choix de ses agens; et, d'une autre part, lui ôter cette liberté indispensable, le priver d'agens qui ont sa confiance, lui en imposer d'autres qui ne l'ont pas, ce seroit désorganiser le gouvernement, le rendre impossible, ce seroit établir l'anarchie.

Tout autre moyen que la Chambre emploieroit, soit pour entraver le pouvoir royal, soit pour le contraindre à abandonner son système politique ou à le modifier contre ses convictions, seroit également incompatible avec le droit de gouverner appartenant à la royauté, auroit les mêmes conséquences absurdes, aboutiroit pareillement à l'anarchie.

Reconnoître au roi le droit de gouverner, et prétendre en même temps qu'il gouverne, non d'après ses lumières et sa volonté, mais suivant les pensées et le bon plaisir de la Chambre, c'est se jouer du bon sens, c'est énoncer une contradiction qui va jusqu'à l'extravagance, c'est dire que le roi commande et obéit à la fois et sous le même rapport.

Mais, dès lors aussi, si le roi règne et gouverne réellement, la Chambre n'est plus un pouvoir; elle devient elle-même, dans la sphère de ses attributions, un simple agent du vrai pouvoir, du pouvoir qui gouverne; elle concourt, selon certaines formes déterminées, à quelques-uns de ses actes, elle les régularise matériellement, comme, en matière d'impôts ou de législation, les parlemens régularisoient les actes souverains de l'autorité royale; et, comme eux encore, elle peut avertir, elle peut déposer aux pieds du trône d'humbles et respectueuses remontrances. Là est la limite de son droit, sans quoi il faudroit dire que le roi ayant le droit de gouverner, la Chambre a celui d'empêcher qu'il gouverne.

Ce sont là des conséquences forcées, évidentes, palpables, que tous les sophismes du monde ne sauroient obscurcir, et les publicistes de la cour n'ont rien exagéré en les développant.

Mais l'axiome contraire a également ses conséquences forcées, inévitables, nécessaires.

Si le roi règne et ne gouverne pas, qu'est-il constitutionnellement dans l'Etat? D'abord, évidemment, il n'est pas un pouvoir, puisqu'il ne peut rien et ne fait rien. Il est une machine à signer, une griffe légalement dépourvue de volonté et d'intelligence, un chiffre du budget et un chiffre très lourd. Qui donc gouverne dans cette hypothèse? La Chambre, à la vérité non directement, mais médiatement par les ministres, ses agens responsables, et ceux-ci forment le véritable pouvoir exécutif.

On dira que le roi les nomme. Nous répondrons qu'il ne les nomme point, qu'il régularise seulement leur nomination par la formalité matérielle de sa signature apposée au bas d'une ordonnance ; en ce cas encore, simple griffe constitutionnelle. Il ne les nomme point, car il ne sauroit de fait ni les choisir, ni les garder contre le gré de la Chambre. Lorsqu'ils ne conviennent point à celle-ci, lorsqu'elle désapprouve leur politique, leurs actes, elle peut toujours les obliger à se retirer quand il lui plaît.

Il est vrai que, de son côté, le roi peut dissoudre la Chambre, et qu'alors il paroît user d'un pouvoir personnel. Mais ce n'est encore là qu'une fiction. Ne faut-il pas que l'ordonnance de dissolution soit contre-signée par un ministre responsable quelconque? Et si, par hypothèse, ce ministre ne se trouvoit point, ne seroit-elle pas constitutionnellement impossible?

Dans la réalité, la dissolution, hommage rendu à la souveraineté nationale, n'est qu'un moyen de consulter le pays, à qui l'on demande de se prononcer entre deux systèmes politiques sur lesquels le ministère existant, soutenu par une minorité de la Chambre, diffère avec la majorité, une précaution légale contre le despotisme de celle-ci et contre ses passions, s'il arrivoit qu'elles devinssent dangereuses. Car, en définitive, que les électeurs renvoient à la Chambre la majorité qu'on a voulu rompre, il faudra bien que tout lui cède; ses idées triompheront; elle exercera de plein droit son suprême pouvoir. La minorité et le ministère, qui s'appuioient sur elle, seront forcés de ployer sous la volonté nationale, d'obéir à son jugement souverain.

Cherchez là-dedans une trace, je ne dirai pas de pouvoir, mais d'influence royale constitutionnelle. Supposer seulement qu'il en puisse exister une effective, légitime, légale, ce seroit vous contredire vous-même, ce seroit admettre une manifeste absurdité. Quoi de plus absurde en effet que de supposer que le roi, ne faisant rien, ne gouvernant rien, n'administrant rien personnellement, ait personnellement quelque chose à soutenir, à défendre contre une majorité quelle qu'elle soit! N'oubliez donc pas que, selon vous, le roi c'est une griffe, un chiffre; et qui jamais entendit parler du système d'un chiffre, de la volonté politique d'une griffe?

Ainsi, de fait, la Chambre possède exclusivement le pouvoir souverain. Elle l'exerce directement en matière d'impôts et de législation, et médiatement, en ce qui touche la conduite des affaires au-dehors et au-dedans, par des agens responsables ou par les ministres. Nulles volontés humaines ne sauraient empêcher ces conséquences de se produire, si le roi ne gouverne pas, s'il reste absorbé dans sa quiétude constitutionnelle.

Or, qu'est-ce que cela, sinon une véritable république, dans la plus stricte acception du mot, et une très mauvaise république ?

C'est une république, puisque le corps dépositaire du pouvoir souverain est formé originairement et périodiquement renouvelé par l'élection ; qu'il choisit et change à son gré les agens responsables chargés temporairement d'exécuter les lois qu'il a faites, les résolutions qu'il a prises, c'est-à-dire qui gouvernent, administrent, en vertu d'une réelle délégation de pouvoir constamment révocable.

C'est une très mauvaise république,

Parce que, déguisée sous des noms menteurs, elle favorise l'introduction d'un principe contraire qui la vicie et la détruiroit, s'il parvenoit à prévaloir;

Parce qu'elle manque, dès lors, des conditions d'ordre et de stabilité qui n'appartiennent qu'aux institutions sociales dont la nature est franchement avouée et déterminée nettement, sur le caractère desquelles nul ne peut se méprendre ou feindre de se méprendre; en un mot, aux institutions qui, unes en soi, maintiennent dans l'Etat l'unité d'où résulte sa force et qui est sa vie même;

Parce que la puissance exécutive seroit trop mobile et trop vacillante, trop dépendante des impressions, des entraînemens soudains, des passions, des caprices d'une assemblée, des intrigues des partis, des sourdes menées des ambitieux ;

Parce qu'au lieu de faire un gouvernement, on auroit constitué une anarchie permanente, irrémédiable.

Aussi remarquez bien que, pour éviter cette anarchie sans cesse menaçante, autre a toujours été votre gouvernement spéculativement conçu, autre votre gouvernement effectif, pratique. On s'est prêté des deux côtés à une fiction qui ne pouvoit être éternelle. L'antagonisme radical que l'on étoit convenu de voiler, devoit nécessairement se manifester tôt ou tard. De là les embarras présens, la crise dont la France attend la fin avec une impatience inquiète. Le pouvoir est un, essentiellement un. De deux pouvoirs qui se disputent la souveraintè dans un même Etat, si l'un est légitime, l'autre évidemment ne l'est pas, car la coexistence de deux pouvoirs souverains est contradictoire. Deux pouvoirs qui se balancent, comme on dit, qui se font équilibre, sont deux pouvoirs en guerre, et ils guerroieront, et le pays souffrira de leur lutte aussi long-temps que l'un des deux n'aura pas été vaincu sans retour.

Ainsi, en ce moment, il y a lutte entre le pouvoir démocratique qui, le voulût-il, ne peut s'abjurer lui-même, ne peut faire qu'il ne soit pas ce qu'il est effectivement; et la cour qui ne peut non plus s'abjurer elle-même, qui ne peut avouer sa complète et radicale inutilité; qui dès lors, pour être quelque chose, doit tendre à devenir un pouvoir réel, et qui, pour être un pouvoir réel, doit être, comme nous venons de l'expliquer, un pouvoir prépondérant, le pouvoir légitime, le pouvoir unique et souverain.

Or, qui l'emportera du pouvoir démocratique, ou du pouvoir qui lui dispute la souveraineté? Telle est la grave question qui se débat; et certes il n'est pas surprenant qu'elle préoccupe si vivement les esprits, car elle renferme tout l'avenir de la société. Jusqu'à ce qu'elle soit résolue, on le voit assez, point de gouvernement possible, absence absolue d'administration régulière et suivie, désordre profond, incertitude sur toutes choses et de toutes choses. Et chacun, quelles que soient ses opinions, ses sympathies, doit désirer qu'elle soit résolue définitivement, parce qu'un attermoiement ne seroit qu'une funeste prolongation du mal qui nous travaille, parce que désormais cette grande question se représentera toujours, parce qu'aucun Etat ne sauroit vivre au sein de l'anarchie qu'enfante le combat forcé de deux principes, qui tendent respectivement à développer deux séries de conséquences rigoureusement contradictoires.

En résumé donc :

Si le roi règne et gouverne, le roi est tout ; et l'on ne peut, sans porter le trouble dans l'Etat, sans opposer au seul pouvoir légitimement souverain une résistance factieuse, anarchique, refuser de lui obéir. Sa volonté domine toute autre volonté, ou plutôt lui seul a le droit constitutionnel de vouloir, identique avec le droit de gouverner.

Si le roi règne et ne gouverne pas, la Chambre est tout ; et l'on ne peut, sans porter le trouble dans l'Etat, sans opposer au seul pouvoir légitimement souverain une résistance factieuse, anarchique, refuser de lui obéir. Sa volonté domine toute autre volonté, ou plutôt elle seule a le droit constitutionnel de vouloir, identique avec le droit de gouverner.

En d'autres termes, ou la nation, en vertu de son droit absolu de souveraineté, se gouverne elle-même par des délégués élus pour un temps; ou elle est gouvernée par un pouvoir qui, fût-il même originairement émané d'elle, est, une fois établi, indépendant d'elle, puisqu'irresponsable et inviolable, il se perpétue sans élection nouvelle, par la seule génération.

Entre ces deux systèmes d'organisation politique, nul milieu possible, et c'est en vain que l'on essaie d'en trouver un. En s'obstinant à le chercher, on ne réussira qu'à priver le pays d'un gouvernement réel, fort, durable; qu'à entasser désordres sur désordres, calamités sur calamités.

Si vous croyez au retour inévitable du passé, si vous voyez dans le principe ancien une éternelle condition de l'ordre, la vraie, l'unique base de la société, momentanément renversée par les peuples dans un accès de délire, rétablissez le principe ancien franchement, ouvertement, et acceptez-en toutes les conséquences. C'est votre devoir rigoureux.

Si, au contraire, vous êtes convaincus que le passé ne peut ni ne doit renaître; si vous avez foi au principe démocratique qui, de jour en jour, s'étend et grandit en Europe, si vous y voyez une indispensable condition de l'ordre à l'époque présente, la vraie, l'unique base de la société telle que l'ont faite les progrès de l'humanité, établissez franchement, complétement le principe démocratique, et acceptez-en toutes les conséquences. C'est votre devoir non moins rigoureux.

Point de vaines illusions, point de foiblesse coupable: il ne s'agit point de savoir si l'on aimeroit mieux ne pas avoir à se résoudre sur un point d'une pareille gravité, à prendre une décision d'où dépend le sort de la génération actuelle, comme des générations futures; il s'agit de reconnoitre ce qu'une irrévocable nécessité commande impérieusement, et de l'accomplir sans hésiter, avec le calme de la nécessité même.

Mai 1839.

FIN

POLITIQUE

A L'USAGE DU PEUPLE.

EXPOSITION SOMMAIRE DE NOS DOCTRINES POLITIQUES.

Au moment où nous venons, avec plusieurs de nos amis, concourir au but que se sont proposé les fondateurs du *Monde*, nous croyons devoir présenter une exposition sommaire, mais précise et nette, des pensées qui présideront à nos travaux, des principes qui en seront la règle, des vues et des sympathies qui les dirigeront. Car les réflexions que peuvent inspirer les événements de chaque jour, les opinions et les jugements qu'une feuille quotidienne est appelée continuellement à émettre sur les institutions, les lois, sur les actes du pouvoir, soit dans l'ordre politique, soit dans l'ordre administratif, sur les doctrines et les tendances des partis entre lesquels la nation se partage, ne sauroient être bien compris, si le lecteur ne les rattache à certaines bases fixes, à certaines idées générales dont ils ne sont qu'une déduction logique, une application particulière et déterminée. Sans cela, sans cet enchaînement qui fait, en quelque sorte, converger en un même point les rayons épars, nul moyen d'éclairer véritablement ; nul moyen non plus de persuader, parce qu'il est au moins difficile d'être persuadé soi-même, lorsque l'esprit vacille perpétuellement entre des pensées dépourvues de suite et d'ensemble. La parole n'a d'effet, elle n'a de valeur qu'autant qu'elle représente des convictions sérieuses fermement arrêtées. Autrement, semblable aux formes changeantes que revêtent les nuages flottants au hasard, elle est stérile et fugitive comme elles.

L'œuvre à laquelle nous nous consacrons se lie pour nous aux plus importants intérêts de l'humanité dans les temps actuels, et à ce que le devoir a de plus saint. Si nous ne la concevions pas ainsi, le courage, nous l'avouons franchement, nous eût manqué pour l'entreprendre, aujourd'hui que tant d'obstacles s'opposent à la libre expression de la pensée, que les lois interdisent en partie les discussions même les plus graves, réglementent la raison, tracent autour d'elle un cercle qu'il lui est défendu de franchir, la déclarent suspecte, et à ce titre la recommandent à la surveillance de la police et du parquet ; lorsqu'à peine, en outre, se peut-on flatter d'obtenir quelques courts instants d'une attention distraite, au milieu des ardentes préoccupations de l'intérêt individuel, dans une société où l'égoïsme a marqué chaque âme, comme une pièce de monnaie, de sa sèche et dure empreinte.

Nous avons senti ces difficultés, nous les avons senties vivement; mais, parce que le mal est grand, ce n'est pas un motif pour renoncer à le combattre, pour se réfugier lâchement en soi-même, dégoûté du présent et peu soucieux des âges qui suivront. Nous sommes tous solidaires dans les destins de l'humanité ; et notre sort à nous-mêmes, hommes de cette époque d'attente et de souffrance, dépend en partie de nous, de nos efforts réfléchis et persévérants. On est ce qu'on se fait ; on ne possède que le fruit de son labeur. Les biens relatifs dont vous jouissez et qu'on vous dispute, n'ont-ils rien coûté à vos pères et à vous ? Il est visible d'ailleurs que, quelle que soit l'espèce d'affaissement où une partie de l'Europe semble être tombée momentanément, il existe partout un secret travail de régénération; que, malgré l'égoïsme des individus, partout les peuples sentent en eux-mêmes une vie nouvelle qui cherche à s'épandre, et que l'invincible pressentiment d'une transformation prochaine agite tous les esprits, fait palpiter toutes les poitrines. Quelques illusions que fasse naître le désir, à plusieurs égards, si naturel du repos, qui se flatte que les choses puissent rester ce qu'elles sont? Qui croit à leur durée? Qui rêve dans ces ruines une demeure stable? Or, puisque le genre humain s'avance forcément vers un avenir dont rien n'empêchera la réalisation nécessaire, que ce qui doit être se produira malgré toutes les résistances, la vraie sagesse consiste, selon nous, à seconder le mouvement qu'on ne sauroit arrêter, afin d'éviter les secousses brusques, les violentes commotions qu'amèneroient infailliblement ces déplorables résistances. Adoucissez la pente du fleuve, au lieu d'élever une digue contre son cours; car tôt ou tard cette digue se rompant, les eaux bienfaisantes du fleuve, amoncelées imprudemment, porteront au loin la dévastation sur le même sol que la Providence les avoit destinées à féconder.

Il ne faut pas trop croire à la puissance de l'homme. Il peut beaucoup sans doute, mais il ne peut pas tout. L'humanité, comme le monde physique, a ses lois générales contre lesquelles on lutteroit vainement, et ces lois fixent la direction et, pour ainsi dire, déterminent la courbe qu'elle doit décrire dans son passage à travers le temps. Or, jamais l'action de ces lois souveraines ne nous devient plus manifeste qu'aux époques où les peuples, cédant à une force inconnue d'eux, sont emportés en apparence aveuglément dans leur vaste orbite, comme les astres dans l'espace ; et le but vers lequel ils se dirigent alors est certainement le but que leur assigne l'Ordonnateur suprême, le but divin.

De cette vérité incontestable pour quiconque n'admet pas que le monde des êtres intelligents ait été abandonné au hasard, il résulte que l'on possède une règle sûre d'après laquelle on peut apprécier les événements, suivant leur degré d'importance relative, et en général tous les faits dépendants de la libre action de l'homme. Ce qui contrarie la tendance insurmontable de l'humanité est mauvais en soi et funeste dans ses conséquences : ce qui la favorise est bon et, en définitive, toujours salutaire, bien que l'effet quelquefois n'en soit pas aperçu immédiatement. Cette manière élevée de considérer les choses, non-seulement conduit à de plus solides résultats qu'aucune autre, à des prévisions plus certaines, mais elle dégage, en outre, les discussions de ce qu'elles auroient de trop personnel ; et c'est encore là un de ses avantages. Dans ces hauteurs de la pensée, il règne un merveilleux calme : les vapeurs où se forment tant d'orages s'amassent dans de plus basses régions.

Hormis quelques traineurs que la nuit a surpris dans le passé, personne aujourd'hui qui ne voie clairement que toutes les fractions du genre humain gravitent vers une grande unité, qui se constituera tôt ou tard, parce qu'elle est le terme de ses efforts et l'accomplissement de ses destinées terrestres. Ce seroit donc violer une de ses premières lois et combattre l'ordre providentiel, que de s'enclore dans l'enceinte étroite des vieilles nationalités, dans un patriotisme exclusif, qui n'est que l'égoïsme de peuple à peuple. Les peuples doivent au contraire se rapprocher de plus en plus, se tendre la main, s'aider mutuellement, resserrer entre eux le lien sacré de la fraternité universelle, sans quoi ils gémiroient éternellement sous le poids des mêmes maux. Et qu'est-ce que cela, sinon le développement du principe même de sociabilité que Dieu a mis dans l'homme en le créant ; magnifique don, puisqu'il est la source d'un progrès continu sans terme assignable. La sympathie, l'instinct naturel, la raison, l'expérience, tout, excepté les passions mauvaises, concourt à pousser les peuples dans cette voie. Ce qui les divise ou les isole, ce sont les intérêts de leurs chefs, ce ne sont pas leurs propres intérêts, liés de telle sorte par la nature même que le bien de chacun s'accroît du bien de tous, et le bien de tous du bien de chacun. La science n'est-elle pas plus féconde à mesure qu'elle devient accessible à un plus grand nombre d'esprits ? Son progrès ne dépend-il pas, en partie, de la multiplicité des efforts simultanés? En se communiquant de l'une à l'autre, le mouvement de l'intelligence s'accroît indéfiniment, et la diversité des points de vue, appelant l'examen et la comparaison, abrége la durée des erreurs inévitables.

S'unir, c'est vivre davantage; et ce qui est vrai de la pensée l'est également dans l'ordre matériel. Si les barrières factices élevées par les gouvernements entre les peuples cessoient d'entraver leurs mutuelles relations; si les produits des divers climats et des industries diverses circuloient sans obstacle d'une extrémité du globe à l'autre sur les mers et les fleuves affranchis; si la liberté commerciale triomphoit partout des égoïstes intérêts du fisc et des monopoles privilégiés, qui doute que cette seule cause n'augmentât, dans une incalculable proportion, la richesse commune et le bien-être commun?

Ainsi la justice et la charité, d'où procède l'union, sont les deux premières lois, non-seulement de l'ordre moral sans lequel aucune association humaine ne pourroit subsister un jour, mais encore, et à cause de cela même, de toute prospérité matérielle. Celle-ci a, de plus, une autre condition, la science, et les peuples sont heureux et forts, ils sont riches, selon la mesure de justice pratique, de charité et de science qui constitue leur vie morale et intellectuelle. Donc tout ce qui, dans les institutions, les lois, les actes du pouvoir, blesse la justice et la charité, tout ce que flétrit la conscience publique, tout ce qui s'oppose au développement de la science, à sa diffusion rapide et facile, est fatal aux peuples, a pour effet de les repousser dans la misère et la barbarie.

De même que, dans leurs rapports réciproques, ils tendent à l'unité comme à leur but final, chacun d'eux a visiblement la même tendance interne, c'est-à-dire une tendance à s'organiser d'après le principe irrévocablement acquis désormais à l'humanité d'une parfaite égalité de droits, et par conséquent d'une liberté exempte de toute limite arbitraire, ou qui n'ait pas sa raison, soit dans les lois mêmes de la nature, soit dans la volonté commune, au-dessus de laquelle il n'existe aucun légitime pouvoir.

L'égalité et la liberté, proclamées aujourd'hui par la raison et la conscience universelle, sont donc les deux bases sur lesquelles reposera, dans un temps peu éloigné de nous, l'édifice social; et dès-lors essayer de les renverser, c'est ébranler l'avenir tout entier, c'est attaquer directement la vie même du genre humain.

Or, l'Europe ancienne, qui ne le sait? étoit

constituée politiquement sur le principe contraire à celui qui maintenant prédomine chez les nations les plus éclairées. Explicitement ou implicitement on partoit de cette maxime, que les peuples, destinés uniquement à obéir, appartenoient de droit soit à un homme, soit à une race, une classe supérieure préposée de Dieu pour les gouverner : d'où un enchaînement d'inégalités, une série décroissante de droits, dont le premier terme étoit l'autorité d'un ou de quelques-uns, et le dernier la servitude plus ou moins profonde des autres.

Une lutte terrible, une lutte à mort, préparée par les développements antérieurs de l'esprit humain, s'engagea, il y a un demi-siècle, entre ces deux principes opposés ; et le combat dure encore, et grandit chaque jour, et s'étend : c'est le choc de deux mondes, le monde du passé et le monde de l'avenir. Mais, quelles que puissent être les chances passagères de cette lutte opiniâtre, le principe de l'égalité ayant pour lui toutes les forces morales de la nature humaine, forces indestructibles et sans cesse croissantes, est assuré de la victoire, que la force matérielle lui dispute en vain. Se ranger du côté de celle-ci, lui prêter secours, c'est donc tout à-la-fois et forfaire au droit véritable, et prolonger infructueusement, avec une guerre calamiteuse, les désordres qu'elle traine après soi, et les souffrances individuelles, et les angoisses de la société qui aspire au repos, et qui ne le trouvera que dans la pleine jouissance de ce que les lois naturelles de l'homme, dont la source est en Dieu, l'obligent de vouloir invinciblement.

La France, plus avancée qu'aucune autre nation dans cette voie de renouvellement, n'a pourtant pas achevé son œuvre. A la vérité elle a réussi à opérer l'abolition des anciens priviléges; mais d'autres priviléges les ont remplacés. Pure fiction quant au fait, l'égalité a été déjà, et plus d'une fois, niée théoriquement par les hommes du pouvoir, qui ne conçoivent d'autre lien social que le lien hiérarchique, ni d'autre hiérarchie que celle fondée sur l'inégalité des droits. Ainsi à l'aristocratie fondée sur le droit de la naissance, a succédé une aristocratie fondée sur le droit de l'argent. Tout un système de prérogatives a été, sur cette base, organisé par les lois électorales, qui ravissent à la masse du peuple, et à sa portion même la plus éclairée, aux savants, aux magistrats, aux avocats, aux artistes non propriétaires, toute influence quelconque dans les affaires du pays. Pour eux aucuns droits politiques. Sous d'autres formes et d'autres noms, le corps des électeurs est aujourd'hui ce qu'étoit, dans la vieille monarchie, la noblesse féodale. Les avantages particuliers dont le pouvoir qu'ils exercent leur assure la possession, ne sont ni moins nombreux, ni moins étendus, ni certainement moins à charge au reste de la nation, à la nation véritable réduite à une sorte de nullité qu'elle endure avec impatience, en même temps que ses intérêts, sacrifiés à ceux des classes investies de la puissance et qui en abusent à leur profit, la sollicitent à se créer une position moins humiliante, et où elle trouve les garanties qui lui manquent complètement. Jamais l'Etat ne sera tranquille que ce juste vœu ne soit satisfait. Le principe d'égalité, toujours vivant malgré les efforts pour l'étouffer, réagira contre le privilége; et le pouvoir, inquiet de rencontrer partout une invisible résistance qui gêne son action, cherchera dans le privilége même, dans son extension, un remède aux perturbations que seul il produit. Le mouvement, à ses yeux, sera le désordre ou une menace de désordre; il faudra donc arrêter le mouvement, par conséquent restreindre de plus en plus la liberté, la liberté de parler, la liberté d'écrire, la liberté d'agir de concert dans un but d'intérêt commun; il faudra isoler les individus, épier avec défiance leurs pensées, leurs démarches, placer à chaque porte le soupçon, multiplier les peines et les aggraver, élargir les prisons, opposer la terreur au mécontentement pour lui faire équilibre, rentrer enfin par toutes les voies dans les irréparables ruines du passé. Ce seroit là une erreur f neste à ceux qui s'en laisseroient fasciner. L manité ne rétrograde point : la vie est de elle, et c'est de là que vient le souffle qui anime tout ce qui doit durer.

Peut-être étoit-il inévitable que la classe contigue à l'ancienne aristocratie prît momentanément sa place dans la société nouvelle. En 1789, ce fut le peuple qui vainquit ; aussi les institutions, les lois, furent-elles fortement empreintes de l'esprit démocratique, jusqu'au moment où la terreur qu'inspirèrent universellement les catastrophes de 1793 détermina de proche en proche une suite de réactions, qui, après quarante années de lutte, ramenèrent la révolution presque à son point de départ. On en étoit là en 1830. A cette époque, la victoire remportée sur la vieille monarchie renaissante fut principalement due à la classe moyenne. Or, le pouvoir reste toujours à qui l'a conquis : il ne s'abdique ni ne se partage. La prédominance politique de la bourgeoisie formoit donc, de nos jours, une phase nécessaire du développement général. Mais cette prédominance sera courte, parce qu'elle est, d'une part, en contradiction avec le principe qui a fait la force de la bourgeoisie elle-même dans sa lutte contre le privilége ; et que, d'une autre part, plus rapprochée du peuple que de l'oligarchie sor- de son sein, et qui la tient sous un servage moins dur que le servage antique, ses in- ts réels se confondent, comme nous le montrerons, avec les intérêts du peuple.

A mesure qu'elle le sentira mieux, la puissance populaire, irrésistible lorsqu'elle veut fermement user d'elle-même, prendra un rapide accroissement, et aussi verra plus clairement le but qu'elle doit se proposer et les moyens de l'atteindre. Une sagesse prévoyante ouvriroit au peuple une voix pacifique vers ce but ; car il ne sauroit s'en détourner, et aucun des obstacles qu'on essaieroit de lui créer ne l'arrêteroit longtemps, et ne l'arrêteroit qu'au prix d'effroyables malheurs peut-être. Ne barrez point sa route et vous n'aurez rien à redouter de lui. On craint sa violence, on a tort. Il n'est violent que contre l'injustice, contre l'injustice manifeste, méditée, opiniâtre. Instinctivement attaché à l'ordre, qui ne peut être troublé sans qu'il souffre, il en respecte l'apparence même ; et quand il se lève pour combattre, c'est qu'une voix qui ne trompe point, la voix de Dieu, lui a dit : Tu le dois.

Les affaires et les querelles du jour, les mouvements, les intrigues qui aboutissent, pour tout résultat, à la conquête d'un portefeuille, au triomphe d'une coterie sur une autre coterie, qu'est-ce que cela, dites-le moi, près des immenses questions d'où dépend l'avenir de la société? Et cependant autour du pouvoir et loin encore au-delà, qui se préoccupe de celles-ci? On vit maintenant son heure, sans se soucier de l'heure suivante. L'égoïsme ramène toutes choses aux chétives proportions de l'individu. C'est là le mal qui dévore la génération présente. Elle ne croit à rien qui ait un lendemain, car l'individu n'a point de lendemain. A quoi dès-lors peut-il songer, qu'à jouir et à jouir vite? Il amasse donc tout ce qu'il a d'amour pour le concentrer dans la jouissance, et toutes les jouissances il voudroit les rassembler dans l'instant qui fuit. Demandez à ces âmes énervées quelque dévouement généreux, un acte de sacrifice, elles ne vous comprendront même pas. Et pourtant rien ne s'opère de grand, de vraiment utile et de durable, que par le sacrifice et le dévouement. Le peuple encore en est capable, mais presque lui seul. Aussi est-ce lui qui produira les hommes destinés à réaliser l'œuvre sociale de notre époque.

Organiser la nation entière sur la base d'une parfaite égalité de droits, et coordonner les lois secondaires à ce principe d'égalité :

Organiser le travail et diriger la répartition

de ses fruits de manière que, sans blesser aucun intérêt légitime, ils tournent au plus grand bien-être de tous :

Tel est, selon nous, le problème à résoudre, la tâche imposée de nos jours aux nations qui veulent vivre. Elle sera constamment devant nos yeux, quelque sujet que nous traitions, car nous y devons tous notre concours, si foible qu'il puisse être. Soumis au reste, il le faut bien, aux lois même que la force impose, nous ne dépasserons jamais les limites qu'elles fixent en ces graves matières à la discussion ; tout en déplorant la fatale erreur de ceux qui se sont persuadés que commander le silence c'étoit arrêter le mouvement des esprits, leur travail interne. Enfin le matérialisme des gouvernements en est venu là : ils ont cru emprisonner la pensée de l'homme en mettant le scellé sur ses lèvres.

Nous croyons, nous, que la liberté, au temps où nous sommes, est la meilleure garantie de l'ordre ; que tout ce qu'on lui ôte repasse soudain dans le domaine de la force aveugle et brutale. Tant que la parole n'est point interdite, qu'on peut conserver l'espérance de réaliser par la conviction et par des voies légales ce qu'on se figure être un droit, un bien, jamais on n'a recours à la violence ; elle est toujours la dernière raison de celui qui n'en a plus d'autres, ou qu'on empêche d'en produire d'autres. Vous représentez-vous ce que seroit un pays où l'on défendroit de plaider? Ce ne seroit pas détruire les procès, ce seroit faire renoître immédiatement les guerres privées. Les législations préventives, si fort en faveur depuis quelque temps, nous paroissent être l'instrument le plus actif et le plus dangereux de révolutions, aux époques où rien encore n'est stable dans la société. Ce que l'esprit devoit accomplir, elles en chargent les bras.

L'effet des discussions franches, qu'aucune entrave ne gêne, est de tuer promptement les systèmes qu'enfantent certaines imaginations désordonnées, les fausses théories, et de dégager les vraies elles-mêmes des exagérations qui les rendroient inapplicables. On peut là-dessus s'en fier au bon sens public. Mais ce qui n'a point passé à ce suprême jury de l'opinion, cherche toujours, dans le fait même de sa réalisation effective, le jugement qui assigne à chaque idée sa réelle valeur. Telle est l'origine la plus ordinaire de ces expériences politiques qui lassent les peuples et les font presque désespérer d'eux-mêmes et de leur avenir.

S'il est en nous une croyance ferme, fondée sur de sérieuses et longues réflexions, c'est que la défiance et l'espèce de haine que s'inspirent mutuellement aujourd'hui les classes supérieures, comme on les appelle, et les classes inférieures de la société, ont, pour unique cause les obstacles apportés à la discussion de leurs intérêts réciproques. Il nous est, quant à nous, démontré que ces intérêts, loin d'être inconciliables, sont essentiellement identiques, en ce sens qu'aucune amélioration réelle au sort du peuple n'est possible qu'autant qu'elle reposera sur le religieux respect de toute possession acquise ; et que tout ce que le peuple, en possession lui-même des droits et de la liberté qu'il réclame avec une souveraine équité, pourra, par une meilleure organisation du travail et du crédit, acquérir de bien-être, aura pour effet d'augmenter celui des classes dont les craintes insensées le repoussent dans une détresse et dans des souffrances qu'il ne sauroit désormais supporter longtemps. En un mot, la vraie solution du problème social posé dans l'Europe entière, n'est pas de niveler les fortunes, chose impossible et qui ne produiroit qu'une pauvreté universelle, mais de les élever toutes simultanément ; et nul autre point d'appui, pour opérer ce mouvement d'ascension, que les richesses déjà existantes, richesses qu'on ne sauroit déplacer, soit par la force, soit par les lois, sans les anéantir à l'instant.

On voit, ce nous semble, assez maintenant quel est l'esprit qui nous dirigera : il n'est hostile qu'à l'égoïsme, aux passions qui divisent et aux intérêts qui s'isolent pour chercher leur satisfaction aux dépens de l'intérêt de tous. Partout où nous croirons découvrir cette tendance, nous la combattrons avec la conscience de remplir en cela un devoir sacré. Dévoués du fond de nos entrailles à la patrie que Dieu nous donna pour mère, nous appelons tous les peuples à se fondre peu-à-peu dans l'unité humaine ; nous appelons les individus dont se compose chaque peuple à se fondre également, pour leur commun bonheur, dans l'unité nationale. Lorsque ce vœu s'accomplira, l'égalité et la liberté régneront pleinement, et il ne s'accomplira que par elles. Jusqu'à ce moment, il y aura guerre, inévitable guerre, entre les individus et entre les peuples. Ainsi, enchaîner l'avenir à des formes sociales essentiellement liées au privilége, c'est éterniser la discorde et déposer, dans le sein même des institutions destinées à garantir l'ordre et la stabilité de l'ordre, un germe indestructible de révolutions. Aucun être ne peut violer impunément ses lois, et quand il s'en écarte, la souffrance l'y ramène. Cessons de lutter contre les nôtres, et le poids des maux sous lesquels les peuples gémissent s'allégera de soi-même peu-à-peu. La fraternité universelle est le dernier mot de l'humanité : hors de là, nul repos, nulle paix.

C'est donc à la réaliser que nos efforts doivent tendre. Elle est le but qu'ici-bas la Providence assigne à notre libre activité. Quiconque aura fait et fait faire aux autres un seul pas vers elle, en aura réveillé le sentiment au fond des cœurs, celui-là, le jour venu où le vide et la nuit se font autour de nous, où, sur les confins des deux existences, il ne reste à chacun que le souvenir de ses œuvres, pourra s'endormir tranquille ; il n'aura pas en vain passé sur la terre.

DE LA LOI SUR LES ATTRIBUTIONS MUNICIPALES.

La discussion de la loi sur les attributions municipales se poursuit au milieu de l'indifférence du public et de l'indifférence non moins grande de la chambre qui la vote. Il ne s'agit pourtant de rien moins que de constituer la commune, c'est-à-dire de poser la base de tout l'édifice social. La commune, c'est l'état en petit. L'esprit qui préside à la formation de l'une préside aussi nécessairement à l'organisation de l'autre. On est plus ou moins libre, plus ou moins asservi dans l'état, selon que la commune est plus ou moins asservie, ou plus ou moins libre. Il suffiroit de connoître les institutions municipales d'un pays pour connoître le caractère du gouvernement qui le régit. La discussion de la loi qui donne lieu à ces réflexions en a offert une preuve frappante. Le pouvoir en France a étendu, et chaque jour il étend ses attributions, pour augmenter sa force, à ce qu'il se figure ; il a détruit plusieurs des libertés dont on jouissoit sous la restauration même, il en a restreint d'autres, et il n'est pas au bout de cette voie dans laquelle le poussent les tristes nécessités qu'il s'est faites. Aussi le ministère, revenant sur ses pas, a-t-il obstinément repoussé des dispositions présentées par lui-même, il y a trois ans. Il lui a fallu, pour ainsi parler, envahir la commune, comme il a envahi la presse, comme il a envahi la liberté naturelle d'association et le jury même, dernière garantie qui restât aux citoyens contre les passions de l'autorité et contre ses erreurs. Nous plaignons sincèrement le pouvoir de s'être placé dans une direction si dangereuse. Le système malheureux où il s'est engagé le conduit à ne jouir d'aucun repos qu'il ne soit maître de tout. Mais jamais on n'est maître de tout : et le fût-on un moment, ce moment toucheroit à celui de la chûte, car on seroit seul pour soutenir l'effort d'une réaction universelle. A mesure qu'on avance dans cette route fatale, on en pressent mieux le terme. De là une frayeur continue qui ôte le sens, qui fait que l'on s'en prend aux hommes du vice des choses, qu'on cherche dans la violence un remède contre les effets de la violence même. La désaffection croît, les difficultés se multiplient ; l'avenir est là, devant nous, comme une épaisse muraille : que fera-t-on ? On ferme les yeux, et on se lance contre, au risque de se briser la tête.

Au reste, l'indifférence que nous constations tout-à-l'heure est en soi-même un symptôme grave. Il n'est pas naturel que des questions d'une importance si générale, des questions qui touchent à-la-fois et aux fondements de l'ordre politique, et aux intérêts individuels, qui embrassent, dans ses plus minutieux détails, la vie civile tout entière, n'excitent pas même l'attention. Les hommes sont d'ordinaire moins froids sur leurs intérêts. D'où vient donc cette sorte d'apathie, cette insouciance profonde ? Il faut bien se l'avouer, c'est que tous, et ceux qui font la loi, et ceux qui la subiront, savent d'avance que, n'ayant en soi aucun principe de vie, elle ne mérite pas qu'on détourne la tête pour la regarder seulement passer, à la suite de tant d'autres productions du génie législatif de cette époque bâtarde et bavarde. Les hommes même qui dressent fièrement la tête, qui nous assourdissent de leur parole confiante et hardie, tressaillent au dedans d'eux-mêmes en sentant le sol fuir sous leurs pieds. Nul ne se croit arrivé à la demeure stable où la société se reposera. Sous la tente où nous sommes campés, nous ressemblons au voyageur qui, près de se lever pour reprendre sa route, jette à peine un regard distrait sur les objets épars dans la plaine, et qui bientôt disparoîtront à jamais derrière lui.

DE QUELQUES PROJETS DE LOIS ANTI-SOCIALES.

Je ne sache point de plus dure extrémité que celle où seroit réduit un pouvoir obligé, pour sa défense, ou pour l'accomplissement de ses desseins quels qu'ils fussent, d'ébranler dans la conscience des peuples les principes de justice, de morale et d'humanité, ou de saper par les lois la base des lois mêmes. On parle aujourd'hui beaucoup de l'esprit révolutionnaire, on déplore ses progrès menaçants pour la société : mais quelle révolution plus profonde que celle qui boulverseroit au fond des esprits les notions mêmes sur lesquelles repose tout ordre social possible ? Quel radicalisme plus effréné que celui qui, dépassant de bien loin les limites de ce que l'institution politique a de variable, ne verroit de salut pour ses théories, et de sécurité pour les intérêts dont il voudroit assurer le triomphe, que dans la destruction des sentiments constitutifs de la nature humaine elle-même ? Or, tel est le caractère des trois projets de lois présentés récemment aux chambres, sur la disjonction des procédures dans les causes où seroient impliqués des militaires et de simples citoyens, sur le lieu où les condamnés à la déportation devront subir leur peine, et sur le prétendu délit de non-révélation.

On a remarqué d'abord que le premier de ces projets renversoit une maxime fondamentale de notre droit public et de notre système judiciaire, l'unité de juridiction. Une si grave atteinte portée à la règle qui préside à la distribution de la justice dans un pays, seroit déjà une chose funeste; car cette règle constitue l'une des garanties dont toutes les nations affranchies du régime arbitraire ont senti le besoin. Son but principal est, en empêchant que les citoyens soient distraits de leurs juges naturels, de les protéger contre les passions et les vengeances de l'autorité. Il y a, en effet, cette différence entre la justice vraiment sociale et la justice, pour ainsi parler, gouvernementale, que l'une cherche des innocents et que l'autre cherche des coupables; et ceci est si vrai, que le motif avoué de la disjonction sollicitée par le pouvoir est l'acquittement de quelques prévenus renvoyés de l'accusation par un jury national. Le pouvoir demande donc aux chambres qu'elles avisent, par une loi, à ce qu'un pareil fait ne se renouvelle pas; il demande qu'en tels cas déterminés, la condamnation soit certaine, et l'armée, sans doute, lui saura gré d'être l'objet de cette sollicitude spéciale. On sait bien que la discipline doit être sévèrement maintenue ; rien de plus inutile que de s'épuiser en longs discours pour établir ce que personne assurément ne conteste ; mais ce qu'on ne savoit pas, c'est que, de deux hommes placés sous le poids d'un même délit, l'un, parce qu'il est simple citoyen, peut être acquitté sans inconvénient, tandis que l'autre, parce qu'il est soldat, devra monter à l'échafaud.

Et que sera donc, je vous prie, la justice aux yeux du peuple, quelle idée pourra-t-il s'en faire, quel respect aura-t-il pour sa sainteté, si, sur le même fait identique, sur le même corps de preuves, de deux accusés l'un est absous, l'autre condamné ; l'un renvoyé avec honneur au sein de sa famille et de la société, l'autre conduit au supplice pour expier, quoi ? Que l'on me le dise, en présence de ces deux jugements.

Quelques-uns ont senti tout ce qu'auroit de fatal pour la morale publique une pareille contradiction, cette atroce manière de se jouer et de la vie et de la mort. Aussi, afin de ramener la justice à l'unité, proposent-ils, à ce qu'on assure, non de laisser les militaires sous la juridiction du jury, mais de traîner les citoyens devant les conseils de guerre ; non de sauver deux têtes, mais d'en couper deux.

Le temps approche où les nations civilisées,

averties par l'expérience que, lorsqu'on veut faire germer la vertu chez un peuple, on ne la sème point dans le sang, banniront de leurs codes la peine capitale. Déjà elle répugne tellement aux mœurs, que les lois où elle est écrite sont souvent inexécutables. Qu'est-ce donc que de frauder la loi même, pour tuer ceux qu'elle laisse vivre? Elle a prévu la circonstance où un homme paraîtroit dangereux pour l'ordre public, et où cependant la justice ne légitimeroit pas sa mort: en ce cas, elle ordonne qu'il soit transporté dans un autre pays. C'est déjà certes une peine assez grave que d'être banni de sa patrie, séparé de sa famille, de ses amis, de ses relations, relégué loin de tout ce qui donne quelque prix à l'existence, dans une contrée lointaine, sous un ciel étranger, et soumis là encore à une ombrageuse surveillance. Toutefois à ce supplice moral on propose d'ajouter le supplice physique de la prison. On demande aux chambres de voter des fonds pour bâtir, à trois mille lieues de la France, des cachots pour quelques Français; et ceux qui osent demander cela, savent que, dans les régions choisies pour y élever cette étrange espèce de monuments nationaux, un emprisonnement prolongé quelques mois seulement, c'est la mort. Eh! croyez-moi, tuez à moins de frais d'argent et de lâcheté. Pourquoi ce dispendieux appareil, ce long voyage dont le terme est une fosse? Une fosse, cela se trouve partout. Prenez-y garde, l'hypocrisie de justice, l'hypocrisie d'humanité, ou altèrent, d'une manière funeste pour eux, le sens moral des peuples, ou font qu'ils prennent en dégoût le pouvoir, qui, badigeonnant sa cruauté d'un vernis légal, n'a pas même le courage de ses passions.

A Venise, on avoit creusé des passages souterrains pour conduire secrètement au supplice les victimes politiques d'une aristocratie inquiète et jalouse. Ce qu'elle faisoit sous les voûtes funèbres de ses prisons d'état, vous le faites sous les lois.

Et comme si ce n'étoit pas assez de confondre toutes les idées de justice, en proposant d'en faire une sorte d'énigme terrible dont le peuple devroit chercher le mot entre des sentences contradictoires, entre un arrêt d'absolution et un arrêt de mort ; de dérober furtivement à la loi la peine qu'elle refuse, par conséquent d'apprendre aux hommes que la morale publique n'est qu'un mot vide de sens, et d'ébranler ainsi, au fond des consciences, la morale privée elle-même ; comme si ce n'étoit pas assez, disons-nous, de ces audacieuses attaques contre les bases éternelles de tout ordre et de toute société, on demande au législateur de briser jusqu'aux premiers liens dont le nœud sacré unit, dans la famille, l'époux à l'épouse, le père et la mère aux enfants, le frère au frère, et forme originairement les plus douces, les plus saintes, les plus nécessaires relations qui existent entre les êtres humains. Otez la confiance mutuelle, forcez le cœur à se resserrer autour d'une pensée qui le fatigue, de peur qu'en croyant la verser dans un cœur ami, il ne la confie imprudemment à l'oreille d'un dénonciateur, d'abord vous doublez l'énergie de cette pensée supposée mauvaise, vous la laissez sans contre-poids, vous augmentez le danger que vous voulez prévenir; et, pour arriver à ce résultat, vous détruisez, dans les conditions indispensables de son existence, le principe même de la vie sociale, en ne laissant aux hommes de sécurité que dans l'isolement. Étrange législation que la vôtre! Ce que Dieu rapproche, elle le sépare; elle divise ce qu'il a uni, et à la longue elle réduiroit en je sais quelle poussière inerte et morte, la nation qui en accepteroit la funeste ignominie.

Ce n'est pas tout encore: cherchant des complices dans ce que la nature humaine a de plus infirme et de plus bas, elle s'adresse à tous les vils instincts pour les provoquer à violer le devoir; elle effraie la foiblesse, elle alarme l'intérêt, elle commande le crime à la peur, oui, le crime; car, sur une parole dite dans l'intimité, sur un conseil sollicité, peut-être dans l'angoisse du doute, trahir la confiance d'un ami, d'un homme quel qu'il soit, le livrer au glaive de la loi, j'en atteste la conscience générale, c'est là, certes, une abominable et criminelle lâcheté. Et cette lâcheté, on l'ordonneroit, sous des peines legales, à un pére, à une mère, à un frère, à une sœur! Mais qu'est-ce donc qu'on veut faire de nous? Pour la plupart, nous ne pouvons nous dire citoyens dans notre patrie, puisque nous n'en possédons pas les droits: qu'on nous permette au moins d'être hommes.

TOUS LES HOMMES ONT LES MÊMES DROITS ET SONT SOUMIS AUX MÊMES DEVOIRS.

Un journal, dont le caractère a été jusqu'ici de n'en avoir aucun, promet de trouver, entre la théorie politique de M. Henri Fonfrède et la nôtre, *une assez belle route pour que le bon sens et la raison y passent de front*. Je ne sais trop ce qui distingue la raison du bon sens, le bon sens de la raison, mais j'aimerois à me trouver sur leur route pour les voir passer de front : ce seroit, je crois, un curieux spectacle.

Au milieu de beaucoup de paroles, ce qui nous paroît de plus clair dans l'attaque dirigée contre nous, c'est qu'elle repose sur une confusion d'idées et de mots, qui auroit quelque droit de nous étonner, si l'on avoit, lorsque l'on écrit, celui d'exiger d'être lu attentivement. Mais alors, que deviendroient des plaisanteries aussi agréables que celles de notre critique sur *M. de Lamennais et son maître Procuste?*

Nous avons dit que les hommes naissent égaux sous le rapport des droits et des devoirs; on nous répond qu'ils naissent avec des facultés inégales. En vérité nous nous en doutions. Avant qu'on daignât nous l'apprendre, nous savions que : « toutes les déclarations de droits « ne donneront pas l'intelligence au stupide, « l'économie au prodigue, l'activité à l'inerte, « l'industrie au rêveur ; que tous les systèmes « d'égalité n'empêcheront pas le plus et le moins « de se reproduire entre les facultés et entre « les aptitudes ; et qu'à moins d'abjurer toute « moralité et tout sentiment de justice, on ne « pourra pas empêcher celui qui travaille plus « et qui dépense moins d'amasser davantage. » Ces profondes découvertes, qu'on nous permette de le dire sans orgueil, n'ont rien pour nous d'absolument neuf, ce qui n'en diminue pas le mérite : nous tenons seulement à constater notre accord sur ce point avec le publiciste qui nous combat, ou se figure nous combattre. Or, voici ce que nous écrivions dans un ouvrage publié récemment : « En ce qui touche « les relations réciproques des hommes, le « christianisme enseigne qu'égaux devant Dieu, « égaux par leur origine et leur fin commune, » *s'il existe entre eux des différences naturelles* « *d'où dépend en partie le progrès général*, « il n'existe aucune différence ni de droits ni de « devoirs (1). » Cela nous semble assez formel. L'inégalité des aptitudes et des facultés étant admise de part et d'autre avec ses conséquen-

(1) *Affaires de Rome*, in-8., p. 297.

ces, c'est-à-dire l'inégalité des positions sociales, *d'où dépend en partie*, comme nous l'avons remarqué, *le progrès général*, voudra-t-on étendre cette inégalité naturelle, indestructible, jusqu'aux droits et aux devoirs, soutenir qu'ils varient essentiellement avec les facultés essentiellement variables, se modifient en chacun de nous, selon les différentes aptitudes dont nous sommes doués, aussi divers, aussi nombreux qu'il peut exister d'individus humains, parmi lesquels il n'en est point, il n'en sera jamais deux d'*identiques?* Si c'est là ce qu'on pense, pour le coup nous doutons très-fort que *le bon sens et la raison passassent de front* sur la route qu'on seroit obligé de suivre pour établir une pareille théorie.

Mais voici plus : le reproche capital qu'on nous fait est de *continuer la politique de l'école du dix-huitième siècle*; et la preuve que nous continuons la politique de l'école du dix-huitième siècle, c'est que notre doctrine est précisément la doctrine de saint Paul et de Jésus-Christ, on ne nous croiroit pas, il faut citer.

« Certainement, la doctrine de l'égalité avoit « un but utile et une grande mission à remplir, » par exemple, à la venue du christianisme, « c'est-à-dire au moment où le hasard de la « naissance, donnoit aux Gentils, qui étoient les « grands seigneurs du monde payen, une supério-

« rité morale, civile et politique, exagérée sur « les races affranchies. Alors saint Paul annonçoit « au monde une grande chose, et qui étoit de « nature à le faire tressaillir, en écrivant aux « Galates qu'il n'y avoit plus désormais ni « Grecs, ni Juifs, ni esclaves, ni maîtres, ni « hommes, ni femmes. » (Afin d'être juste envers saint Paul, nous prions le lecteur de démêler le sens de sa pensée sous l'expression un peu extraordinaire qu'on lui prête ici); « mais « que toutes les créatures humaines étoient « égales devant Dieu. Une pareille doctrine » s'appeloit alors à bon droit la *bonne nouvelle*; « mais est-ce donc à dire que le monde en soit « encore au même point d'inégalités choquantes « où le trouva l'Évangile? Est-ce à dire *qu'il « faille répéter l'épître de saint Paul?* Et « pour parler à M. de Lamennais un langage « qu'il entend, lui demanderons-nous avec saint « Cyprien si la venue du fils de Dieu a donc été « sans fruit pour le monde, et si c'est sans ré-« sultat pour la dignité humaine que Jésus-« Christ a été souffleté chez Pilate et crucifié « sur le mont des Oliviers? »

Ainsi, nous disons ce qu'a dit saint Paul, mais il ne faut pas répéter saint Paul : nous prêchons la doctrine, nous essayons de propager l'œuvre pour laquelle Jésus-Christ est mort ; mais cette doctrine a porté son fruit, cette œuvre a reçu son définitif et parfait accomplissement en l'an de grâce 1837; nous devons être pleinement satisfaits de ce que nous possédons d'égalité, de liberté; et désirer quelque chose de plus, c'est dangereusement continuer tout ensemble la politique de l'école du dix-huitième siècle, et la politique de Jésus-Christ; il n'y a plus dans le monde ni Grecs, ni Juifs, ni maîtres, ni esclaves, ni hommes, ni femmes; les temps sont clos, le genre humain a rempli sa tâche, atteint le terme de son développement, et chacun n'a plus, au sein de la béatitude universelle qui caractérise notre époque, qu'à se reposer mollement dans la pleine jouissance de ses droits, et dans l'abondance des biens dont la société regorge. Que voulez-vous répondre à cela?

---

sentiment de votre dignité d'homme? Chose bien digne de remarque, l'égalité relève à la fois tous les membres de la société dont elle est la base; le privilége les abaisse tous, parce que, sur l'échelle, où chaque amour-propre cherche son rang, nul ne monte que courbé. On ne pose pas plutôt le pied sur la tête d'un autre, qu'un autre à l'instant le pose sur la vôtre.

Sous le point de vue de la dignité humaine, c'est-à-dire de ce que l'homme a de plus précieux après la vertu, les intérêts de la petite bourgeoisie ne diffèrent donc point des intérêts du peuple. A cet égard, il souffre moins qu'elle de l'inégalité dont les lois l'ont, en quelque sorte, rendue tout ensemble et victime et complice. L'homme du peuple peut se tenir plus droit devant l'homme du privilége; car, ne se rencontrant jamais dans le cercle arbitraire des classifications légales, les qualités personnelles déterminent seules entre eux le rang de chacun.

La bourgeoisie possède, il est vrai, des droits politiques dont le peuple est privé; mais, pour le plus grand nombre, ces droits sont moins réels que fictifs. D'abord, si la bourgeoisie inférieure concourt, par exemple, à la nomination des députés, ce n'est jamais de son sein qu'ils sortent, et par conséquent ce n'est point à elle que reviennent les avantages de toute espèce attachés aujourd'hui à l'exercice des hautes fonctions politiques. Ses droits au contraire la constituent dans un véritable servage ; ils lui ôtent celui d'avoir une opinion et de la professer, des principes avec lesquels elle puisse librement mettre ses actes en harmonie. En contact perpétuel avec la police, dont les réglements ouvrent la porte à mille vexations de détail; obligée de prévoir ce qu'une certaine manière de penser connue peut créer de défaveur près d'une foule de gens dont il lui importe de cultiver le bon vouloir, susciter d'embarras dans les affaires civiles, contentieuses et autres ; entièrement dépendante, pour la conservation ou pour la ruine de son crédit, de l'oligarchie financière ; dépendante encore du haut commerce et des *pratiques*, comme on les appelle, pour la prospérité de son industrie, il lui faut subir toutes ces influences dans les colléges électoraux, obéir aux ordres qu'on lui dicte, ou céder docilement à des insinuations non moins impérieuses. Inféodés à ceux dont elle est de fait l'humble vassale, ses suffrages ne lui appartiennent en aucune façon ; ils sont réellement la propriété de ses seigneurs et maîtres. Non-seulement ils déterminent à leur gré ses votes, mais il la contraignent même de voter, lui ravissant ainsi jusqu'à cette sorte de liberté négative qui est restée au peuple dépouillé de tous ses droits. S'il ne peut légalement intervenir dans les affaires du pays, dans ses propres affaires, rien ne le force d'agir contre sa pensée et contre sa conscience. Il est déshérité et non avili. Même sous le régime actuel, la petite bourgeoisie gagneroit donc à être peuple, et les réformes qui rendroient au peuple ce que lui ôte l'iniquité de la loi seroient au moins aussi désirables pour elle que pour lui. L'un recouvreroit ses droits, l'autre son indépendance.

Les intérêts purement matériels de la petite bourgeoisie se confondent également avec les intérêts du peuple. Toute industrie, tout commerce quelconque prospère principalement en raison de la consommation. Or, le grand consommateur, c'est le peuple. Tout ce qui tend à améliorer la condition du peuple, à augmenter son aisance, à lui faire une meilleure et plus juste part dans la répartition des fruits du travail, favorise donc, et plus puissamment qu'aucune autre cause, la prospérité du commerce et de l'industrie. Le marchand ne vit que par l'ouvrier, par le prolétaire; le bien-être de celui-ci enrichit celui-là. L'ouvrier ne thésaurise point, il ne le sauroit dans l'état présent des choses. Ce qu'il gagne, il le dépense, et quand il gagne le plus, c'est beaucoup si son gain suffit à pourvoir assez largement à ses besoins et aux besoins de sa famille. Une simple augmentation d'un quart dans le prix de la journée vivifieroit de proche une multitude d'industries diverses, en augmentant proportionnellement la vente des objets qu'il consomme, et, par conséquent, les bénéfices des fabricants et des vendeurs. Telle est la principale, et presque l'unique source de la richesse utile, de celle qui profite à tous et qui ne demeure point, où stagnante dans quelques mains, ou corruptrice dans quelques autres. Et admirez, vous dont l'égoïsme n'a pas flétri l'âme et obscurci l'esprit, la merveilleuse beauté des lois par lesquelles Dieu a voulu que fût régie l'humanité : pour que tous les biens se produisent à la fois, il suffit que tous soient également appelés à en jouir, il suffit qu'on ne ravisse à aucun ses droits, que le privilége et le monopole ne troublent point l'ordre providentiel, que le frère ne dépouille pas le frère, et qu'au sein de la liberté, à l'ombre de lois protectrices du foible, la justice seule règne avec l'amour.

DU SYSTÈME CONSERVATEUR.

L'esprit de conservation, considéré en général, n'est que l'instinct même de la vie. Tout ce qui existe tend à se conserver, non pas seulement par une résistance inerte aux causes destructives, mais par une force secrète, agissante, par la force même qui réalise l'existence à chaque moment. Mais, quelle que soit l'énergie de cette force, son action ne laisse pas d'être constamment subordonnée à la loi imposée à tous les êtres de changer sans cesse pour se développer ; et si la conservation est un élément de l'ordre universel, le progrès en est un autre, non pas plus nécessaire, mais plus élevé, en quelque sorte, parce qu'il a un rapport plus direct à la fin générale et providentielle de la création.

Il se passe dans la société quelque chose de semblable à ce qui a lieu dans l'univers. En elle sausi deux éléments, l'un de conservation, l'autre de progrès ; deux forces opposées à quelques égards, l'une qui tend à la fixer en son état présent, quel qu'il soit, l'autre qui la porte en avant avec une puissance irrésistible. De la combinaison de ces deux forces simultanées, résulteroit un ordre parfait dans la société comme dans l'univers, si l'homme, en vertu de la liberté dont l'a doué le souverain Être en le douant d'intelligence, n'avait, dans une certaine mesure, le pouvoir de réagir contre les lois générales et contre ses propres lois. De là vient que, résistant lorsqu'il devroit céder, il s'efforce quelquefois, quoique toujours en vain, d'absorber la loi de progrès dans la loi de conservation, en immobilisant les choses humaines ; et il ne voit pas, tant est grande la fascination de ses espérances insensées, que pour arrêter le mouvement il faudroit arrêter le temps même.

Il peut arriver aussi que son impatience essaie de devancer le temps, et que, par une précipitation désordonnée, il s'éloigne du but qu'il désire atteindre ; car tout développement a ses conditions naturelles et rigoureuses, et tenter de s'en affranchir, c'est le retarder indéfiniment.

Si la raison calme et désintéressée résistoit seule à l'impulsion qui pousse incessamment les peuples dans la voie des améliorations progressives; si la force qui les retient avoit pour unique effet de modérer le mouvement afin de le mieux diriger, qu'elle ne fût ni rétrograde ni stationnaire, les peuples en accepteroient volontiers l'influence ; elle n'exciteroit en eux ni

AFFOIBLISSEMENT DE LA PUISSANCE ANGLAISE.

L'Angleterre a eu, comme toutes les nations, sa période d'accroissement; l'Europe, pendant un siècle, l'a vue, en quelque sorte, monter sur l'horizon, jusqu'à ce qu'ayant atteint son plus haut degré de splendeur, elle a commencé à décliner, et ce déclin date du jour où la chûte de Napoléon, due principalement à ses efforts, marqua l'époque la plus brillante de sa gloire. Depuis ce temps, sa politique a subi un changement profond, qui, d'année en année, devient plus sensible. Au lieu de cette vigueur et de cette promptitude de résolution dont elle donna tant d'exemples, qu'on ne peut tous également louer parce qu'il en est plus d'un que réprouve la morale, timide aujourd'hui, elle hésite, elle se traîne laborieusement dans les sentiers obscurs et tortueux de la diplomatie, elle substitue l'intrigue à l'action; incapable, ce semble, de prendre à propos un parti décisif, même dans les circonstances les plus graves. Evidemment, ce peuple a perdu sa force, ou le sentiment de sa force, et quant aux résultats actuels, l'un ne diffère pas de l'autre. Voyez cette Angleterre si hautaine, si âpre à ses intérêts, si habile autrefois à les défendre, si hardie à en étendre la domination dans le monde entier; voyez-la maintenant en présence de la Russie. Abaissée, bravée par cette jeune puissance, on diroit qu'elle tremble devant son génie. Les czars exercent sur elle une sorte de fascination qui trouble ses conseils et détend les muscles de ses robustes bras. Leurs conquêtes en Orient menacent ses possessions de l'Inde; ils ferment à ses flottes les Dardannelles, à son commerce les bouches du Danube et les côtes de la mer Noire: de quelle manière eût-elle résisté, il y a trente ans, à cette usurpation? Qu'eût fait son grand homme d'état, ce Pitt dont la gloire est encore sa plus éclatante gloire? Auroit-il perdu le temps en explications, en discussions de légistes? Se seroit-il endormi sur la foi trompeuse de promesses, qui ne trompent, après tout, que ceux qui veulent être trompés? Auroit-il laissé le droit s'établir par le fait? Ou en détruisant le fait même, avant qu'il eût pris racine, n'auroit-il pas opposé au droit la seule protestation qui, dans le système régnant en Europe, ait une réelle valeur? A cette conduite énergique d'un gouvernement fort, parce qu'il est décidé, décidé, parce qu'il est fort, comparez les longues tergiversations, le risible embarras, la foiblesse pitoyable du cabinet qui aujourd'hui dirige la politique anglaise. Est-il un symptôme plus frappant d'infirmité et de décadence? Car la foiblesse que nous reprochons à lord Palmerston et à ses collègues n'est pas la leur propre, c'est la foiblesse de l'État même, sans quoi le ministére ne subsisteroit pas deux jours. Quelques voix se sont-elles élevées dans les chambres pour solliciter de plus efficaces mesures, afin de sauver tout ensemble et les intérêts et l'honneur national? Non, pas une. La paix à tout prix, telle a été visiblement, et telle est encore la pensée intime, la pensée constante de la pairie et des représentants des communes. On n'en sauroit non plus trouver une autre dans les journaux de toute opinion; seulement, pour consoler un peu l'orgueil britannique, ils ont cru devoir enluminer leurs phrases d'insignifiantes bravades et de vagues menaces, pour le cas où des attaques nouvelles lui infligeroient de nouvelles humiliations. En attendant, la fière Albion consent à se laisser chasser des mers intérieures que la Russie a jugé bon de s'approprier exclusivement; elle se résigne à tous les dangers qui peuvent naître pour elle du développement tranquille de ses ambitieux projets. On ne sauroit se montrer de plus facile accommodement.

Que la puissance anglaise se courbe sous celle des czars, ce n'est pas l'unique signe de son affoiblissement. Il se manifeste par bien d'autres endroits. Et cependant le commerce de l'Angleterre est plus florissant qu'il ne le fut jamais; ses richesses s'accroissent journellement, son crédit est presque sans bornes; elle rassemble dans son sein toutes les conditions matérielles de la force. D'où vient donc cette débilité dont le progrès ne sauroit se dérober aux regards même les moins attentifs? Quelle cause secrète a usé en elle les ressorts de la vie? De graves enseignements devront sortir de l'examen de cette question importante pour tous les peuples.

DES INTÉRÊTS DE LA BOURGEOISIE.

La bourgeoisie en France ne forme point une classe homogène. Le pouvoir, la richesse, ainsi que le genre de considération que ces deux choses procurent, y marquent des rangs séparés par d'immenses intervalles. Quelle distance du simple marchand, qui n'a pour vivre qu'un petit commerce de détail, au banquier qui ramenant par le crédit sous sa puissante main toutes les entreprises commerciales ; au fabricant qui, par de vastes exploitations utiles en soi, mais dont le monopole, au détriment de la prospérité générale, vient trop souvent favoriser le succès, élèvent des fortunes colossales ! De nombreux degrés existent sans doute entre les deux extrêmes de cette longue série ; mais chacun de ces termes n'en forme pas moins comme un centre, autour duquel se groupent des intérêts très-différents, et quelquefois même opposés. On ne peut, en un mot, s'empêcher de reconnoître que, de fait, l'aristocratie créée par le cens offre, si l'on néglige quelques nuances intermédiaires, deux classes distinctes, la haute et la petite bourgeosie. Nous voulons en ce moment examiner, sans préventions d'aucune espèce, les rapports de celle-ci avec la haute bourgeoisie et avec le peuple.

Un des effets du privilége est d'exalter la vanité ; aussi a-t-elle toujours et partout caractérisé l'esprit aristocratique. Il se nourrit de distinctions, se plaît à multiplier les rangs pour s'emparer des plus élevés, et sourire de là d'un sourire ou de mépris, ou de protection orgueilleuse, à quiconque est plus bas placé. Il ne fait pas que l'un monte, mais qu'un autre descend; et c'est en cela particulièrement que sa tendance est anti-sociale. Or, il n'est point de supériorité qui se fasse aussi brutalement sentir que celle fondée sur la richesse ; et, d'une autre part, chaque rang pèse surtout sur celui qui le touche de plus près. Vous, à qui des lois d'inégalité assignent une place, mais la dernière, ou une des dernières dans la bourgeoisie, êtes-vous bien satisfaits de cette place, des relations qu'elle vous a créées avec ceux qui occupent les degrés plus élevés de cette nouvelle hiérarchie ? Ne tiennent-ils aucun compte de la distance qui vous sépare d'eux ? L'oublient-ils, et s'appliquent-ils à vous la faire oublier ? Rien dans leur langage, dans leurs manières, n'est-il propre à vous avertir de votre infériorité ? De vos rapports avec les hauts barons de la finance et de l'industrie, et de vos rapports avec le peuple, quels sont ceux qui vous donnent le mieux le crainte, ni colère, ni haine, et la société parcourroit sans troubles et sans commotions les phases régulières de sa croissance.

Il n'en est pas ainsi, par malheur. L'esprit de conservation, excellent en soi, nécessaire lorsqu'il se renferme en ses justes bornes, se transforme le plus souvent en un esprit d'égoïsme inique qui, appelant ordre ce qui est, parce qu'il ne peut en effet exister d'organisation que dans ce qui est, et que ce qui n'est point encore n'a pu recevoir sa forme extérieure, travaille, avec une âpre obstination, à pétrifier au sein du présent la société avide de l'avenir. Aussi, la classe relativement toujours peu nombreuse, mais puissante des conservateurs, comme ils aiment à se nommer, se compose-t-elle de ceux qui, privilégiés de mille manières, se sont appropriés, aux dépens de la multitude courbée sous leur joug, les avantages auxquels tous les membres de l'association ont un pareil droit. Jouissance d'un côté, souffrance de l'autre, voilà ce qu'ils veulent conserver, perpétuer indéfiniment; voilà ce qu'ils appellent l'ordre, parce que c'est la loi, ou la conséquence de la loi. Ainsi, en Angleterre, l'ordre, c'est l'ensemble des prérogatives possédées par une aristocratie qui put être, jadis, plus ou moins en harmonie avec les intérêts nationaux, mais qui écrase aujourd'hui de son poids la masse du peuple. Celui-ci veut vivre; il ne le peut qu'en se faisant reconnoître des droits, qu'en obtenant une vaste réforme dans les lois existantes. Immédiatement, tous les priviléges, de quelque nature qu'ils soient, se coalisent pour l'empêcher, pour rendre vains les efforts du peuple, que des brouillons et des ambitieux poussent, si l'on veut en croire la sagesse des conservateurs, au renversement de la société ; et, en effet, il tend, sinon à renverser, du moins à modifier profondément l'institution sociale actuelle, à opérer une révolution, c'est-à-dire des changements politiques dont le résultat soit d'alléger ses maux. Il souffre, il a froid, il a faim, tandis que les classes en possession de la richesse et du pouvoir se font de sa misère et de ses sueurs un moyen d'augmenter leurs jouissances personnelles. L'instinct inné de la justice se soulève en lui contre cet inique partage. Il demande de n'être pas déshérité des biens destinés à tous par la Providence. Dans ses rêves révolutionnaires, il aspire à s'assurer un toit, des vêtements; il aspire à un peu de pain: n'est-ce pas là le bouleversement du monde?

En Italie, l'ordre c'est la domination d'une puissance étrangère, l'exploitation du pays à son profit, la destruction de l'existence nationale, tous les genres de souffrance et d'abaissement que la servitude enfante, l'absence d'industrie, l'extinction de la science : voilà ce qu'il faut conserver, à l'aide de deux cent mille soldats, d'une police presque aussi nombreuse, d'une jurisprudence arbitraire, de tribunaux exceptionnels, de la prison et de la potence. Que le peuple italien tressaille sous cette monstrueuse oppression, qu'il s'échappe de son sein quelques plaintes, quelques soupirs, autant de crimes révolutionnaires.

L'ordre en Espagne est plus compliqué ; autre est-il à Madrid, autre dans les provinces Basques. Ici, c'est l'autorité absolue de Charles V ; là, l'autorité constitutionnelle de l'innocente Isabelle II, et, par esprit de conservation, l'on s'égorge réciproquement comme révolutionnaires. Mais le révolutionnaire par excellence, le révolutionnaire contre lequel les conservateurs ne trouveront point assez d'anathèmes, ce sera le peuple, si, secouant un jour la torpeur dans laquelle il semble engourdi maintenant, et las d'être la victime des prétentions rivales de deux *ordres* ennemis ; si, réveillé enfin de son trop long sommeil, il commence à s'interroger sur ses propres intérêts, à se compter pour quelque chose, à connoître ses droits et à les vouloir.

Parcourez le reste de l'Europe, partout vous verrez qu'on appelle ordre les choses existantes, bonnes ou mauvaises, utiles ou nuisibles au bien général, mais plus particulièrement l'ensemble des priviléges abusifs d'où résultent, au moins en partie, les souffrances du peuple et sa misère. Au nom de la justice et de l'humanité, il en réclame l'abolition; mais pour les hommes qui les possèdent et s'efforcent à tout prix de les conserver, la justice est révolutionnaire, l'humanité est révolutionnaire. Cela se peut, mais alors qui vaincra la révolution ?

Toujours est-il que, sous l'influence du système conservateur, on ne sauroit espérer aucune de ces salutaires réformes qui redonnent aux nations comme une nouvelle vie; que le peuple, éternellement en proie aux mêmes maux, ne verroit devant lui jusqu'au fond de l'avenir qu'un funeste héritage de douleurs que se transmettroient les générations successives; que la société toute entière, arrêtée dans son développement, après une durée plus ou moins longue de langueur maladive, périroit comme un arbre où la sève ne coule plus.

Mais la société ne sauroit périr, le peuple ne sauroit se résigner à une misère sans espérance; les invincibles lois de la nature humaine ne le permettent pas. On ne réussira jamais à éteindre en lui le désir d'un sort meilleur ; ce désir au contraire croîtra sans cesse, et plus il sera fort, plus il faudra employer aussi de force pour le contenir. Mais quelle force opposer à celle du peuple, lorsqu'il a dit : Je veux ? Alors la violence accomplit ce qu'a refusé l'injustice ; alors le temps refoulé sur lui-même, rompant l'obstacle qu'on lui opposoit, déborde soudainement, et emporte à la fois pêle-mêle tout ce que, dans son cours naturel, il eût entraîné parcelle à parcelle, imperceptiblement. Une nation debout et armée ne modifie point, elle renverse. Elle n'épargne pas même toujours ce que ses propres intérêts lui conseilleroient de conserver. L'impulsion qu'elle a reçue pour opérer l'œuvre de sa régénération nécessaire la porte souvent au-delà du but, et toujours l'y conduit à travers des ruines déplorables. Telle est l'inévitable effet des résistances que l'égoïsme, la cupidité, toutes les viles passions opposent aux améliorations devenues indispensables, au progrès normal de la société. En ce sens au moins, et sans parler de l'iniquité qu'il renferme, le système conservateur, tel qu'on le définit et qu'on l'applique maintenant, est le vrai système révolutionnaire.

DE LA HAUTE BOURGEOISIE.

Nous parlions dernièrement des intérêts de la petite bourgeoisie: nous avons montré qu'ils étoient de tout point identiques avec ceux du peuple. Si la haute bourgeoisie comprenoit les siens d'une manière élevée, si elle les embrassoit dans leur ensemble d'un large point de vue, elle arriveroit, en ce qui la concerne, à la même conclusion, au même résultat. Car il est certain que les intérêts d'une fraction quelconque de la société, ne sauroient jamais, sans en souffrir, se séparer longtemps des vrais intérêts de la société entière. A cet égard, une grande illusion abuse les privilégiés. Ils voient les avantages, très-réels en effet, que leur procure leur position exceptionnelle; ils ne considérent pas que ces avantages, purement relatifs, empruntent une partie de leur valeur de la comparaison qu'ils font de leur état avec l'état des classes inférieures. Appréciés de la sorte, ils sont immenses effectivement. Mais un peu de réflexion devroit faire comprendre aux hommes de la prérogative combien ce mode d'appréciation est étroit et faux. Ils ne jouissent pas de la souffrance d'autrui, ils ne sont pas riches de sa misère. Cet élément doit donc disparoître de leurs calculs. La vraie question pour eux est de savoir si leur propre bien-être ne s'accroîtroit pas avec celui du peuple et suivant la même progression. Or, qu'il en seroit ainsi, c'est ce qu'il est facile de montrer.

Ils se partagent maintenant, au détriment des gens de travail, la plus forte partie des bénéfices de la culture, de l'industrie, et de ceux dont l'argent et le crédit sont la source immédiate. Que la quotité de ces bénéfices sur un capital déterminé diminuât d'un quart, et qu'en même temps, par hypothèse, ce bénéfice moindre fût prélevé sur un capital double, il est clair que ce changement leur seroit extrêmement profitable. Or, dans l'ordre matériel, le seul dont nous nous occupions ici, c'est là précisément ce qu'on demande pour le peuple. On demande que le produit de son travail lui permette de consommer plus; en d'autre termes, serve à vivifier la culture, l'industrie, le crédit. Que cherche le propriétaire du sol? des consommateurs des fruits qu'il en tire. Or, le grand consommateur, c'est le peuple, et il consomme proportionnellement à son gain. La consommation de la viande est à Paris, où elle a été toujours diminuant depuis un certain nombre d'années, d'un tiers de livre par habitant. Croyez-vous que, si le travail du peuple étoit rétribué de manière à ce qu'il pût user d'aliments meilleurs et plus substantiels, les propriétaires de pâturages et les nourrisseurs de bestiaux ne profiteroient pas autant que lui de cette amélioration de son sort?

A l'exception des manufactures où se fabriquent les objets de luxe, toutes les autres ne vivent et ne prospèrent que par le peuple. C'est lui qui achète et qui consomme ce que ses mains ont fabriqué. Qu'on oublie un moment le commerce d'exportation, si peu de chose en comparaison du commerce intérieur, est-ce qu'une vente double, qui seroit le résultat d'une augmentation déterminée du prix de main-d'œuvre, n'ajouteroit pas aux bénéfices actuels de l'industrie? Car, par beaucoup de raisons qu'il seroit trop long de déduire, la prospérité de celle-ci; l'aisance qu'elle procure au fabricant et au marchand, s'accroît avec une rapidité plus grande que le salaire de l'ouvrier. Mais, n'en fût-il pas ainsi, seroit-ce peu de chose que d'avoir, sans demander à personne aucun sacrifice, diminué les souffrances du peuple, en augmentant de plus la richesse nationale?

Un des effets de cet accroissement de la richesse publique seroit d'accroître aussi la masse des valeurs en circulation, ainsi que la vitesse de cette même circulation, par conséquent, de développer le crédit indéfiniment. L'intérêt de l'argent pourroit et devroit baisser, nul doute;

mais cet abaissement même seroit un signe non équivoque de prospérité. L'usure est énorme dans les pays pauvres. Là où les capitaux abondent et où rien ne les détourne de leur direction naturelle, ils se prêtent, pour ainsi parler, facilement à tous les besoins, et se multiplient en raison de cette facilité même de les obtenir ; car on ne s'imagine pas combien de sources de production, soit en agriculture, soit en industrie, restent fermées, qui s'ouvriroient soudain si les capitaux venoient seconder le génie et le travail de l'homme.

Les intérêts du peuple, des ouvriers, des prolétaires, ne diffèrent donc point en réalité des intérêts des classes maintenant plus favorisées. En lui refusant les droits qu'il réclame, et de la jouissance desquels dépend en partie l'amélioration de son sort, en s'efforçant de le tenir parqué sur le sol fécondé de ses sueurs, comme un vil troupeau qu'on exploite, elles se nuisent à elles-mêmes autant qu'à lui. Son bien-être seroit leur bien-être, sa liberté leur liberté ; car, pour lui ravir la sienne, il faut qu'elles renoncent à la leur, qu'elles se contentent d'une plate et grossière fiction qui ne trompe qu'elles, si tant est qu'elle les trompe encore. La servitude, qu'ils y prennent garde, est une spirale qui part d'en bas et monte sans cesse, jusqu'à ce qu'elle ait tout enlacé jusqu'au sommet.

Pour leur malheur et le nôtre, on leur a persuadé qu'une organisation sociale, fondée sur l'égalité des droits, seroit leur ruine à elles; que le terme inévitable où aboutissoient, en définitive, ces théories d'égalité, étoient un nivellement universel, à l'aide de la confiscation, du pillage, l'abolition de la propriété, et que sais-je, enfin? On a osé tout dire, et tout a été cru. Il n'est point d'absurdité si énorme, si folle, qui n'ait rencontré une crédulité plus folle encore; tant la crainte ôte le sens. Mais la crainte s'use. On ne tremble pas perpétuellement devant un fantôme. La raison calme reprend peu-à-peu son empire. Alors, mieux éclairé, on cherche quelquefois le salut là même où l'on s'étoit figuré qu'étoit le péril. Déjà, ce nous semble, il est trop tard pour persuader à qui que ce soit qu'il est bon de diviser la France en deux camps, en deux races ennemies, à jamais séparées par des intérêts contraires, et dès-lors aussi, par une haine mutuelle, profonde, irréconciliable. Il est trop tard pour prononcer, avec quelque espérance d'inspirer un autre sentiment que celui de la douleur et du dégoût, des paroles telles que celles-ci : « La loi de 1831 a mis un frein « aux ambitions des classes inférieures; *elle a* « *posé la limite entre ces classes et la bour-* « *geoisie* : voilà pourquoi je ne demande pas

« l'abolition de la loi (1). » Ce sont là des paroles pleines de tempêtes. Et qui donc a le droit en France, de créer des classes et d'en poser les limites? Que celui-là, s'il en est un, se lève et ose dire: C'est moi! Vous voulez séparer la bourgeoisie du peuple: mais si le peuple à son tour se séparoit de la bougeoisie, qu'arriveroit-il? où seroit l'état, la société? où seroit la nation? Malheureux insensés, sachez au moins vous taire; c'est bien assez que puissance vous ait été quelques instants donnée pour agir.

(1) Discours de M. Jaubert sur le projet de loi des attributions municipales, séance du 26 janvier 1837.

DE LA POLITIQUE DE L'ESPRIT ET DE LA POLITIQUE MATÉRIELLE.

Ce que nous appelons, faute d'un autre terme, la politique de l'esprit, est la politique qui croit aux lois spirituelles de l'homme, et qui s'efforce de rattacher à ces lois souveraines les grands phénomènes de la société. La politique matérielle, au contraire, ou nie ces lois, ou refuse d'en tenir compte dans ses jugements sur le présent et dans ses prévoyances sur l'avenir. Celle-ci professe pour la première un superbe mépris ; elle la poursuit de ses dédains, la rabaisse et l'humilie sans pitié : politique de philosophes, d'orateurs, de poètes, de cette sorte de gens qui pensent et qui sentent. Est-ce tout ? non, pour la flétrir, on a trouvé mieux encore ; on a dit que c'étoit la politique du génie, et l'un des noms (1) cités en preuve de cette capitale accusation suffiroit, chacun l'avouera, pour fermer la bouche aux contradicteurs. Nous ne venons donc point contredire, nous venons seulement essayer de montrer que la politique du génie a aussi le

(1) M. de Chateaubriand.

tort grave ou le malheur d'être celle du bon sens.

Convenons d'abord qu'il existe une certaine pratique des affaires, dans laquelle l'habileté dépend, non de la profondeur des vues générales, mais de la connaissance exacte des détails, de l'expérience, de l'art de traiter avec les hommes, de les conduire, de les persuader, soit que des règles positives et obligatoires déterminent une solution inflexible, comme il arrive ordinairement en ce qui touche la pure administration, soit qu'il s'agisse, comme dans la plupart des relations diplomatiques, d'atteindre une fin spéciale par la libre discussion des intérêts. Ce genre d'habileté, très-nécessaire à l'ordre de l'état et à sa prospérité, dans le fait donné de son organisation présente, quelle qu'elle soit, peut n'être point le partage de quelques-uns de ceux dont la pensée plus puissante et s'élevant plus haut pénètre jusqu'à la source de la vie des peuples pour en rechercher les lois. Mais qu'importe ceci dans la question qui nous occupe ? Montesquieu auroit très-bien pu n'être qu'un préfet médiocre : est-il dit pour cela qu'il n'ait fait que rêver des sottises en politique ?

Au fond, de quoi s'agit-il ? de savoir si les choses humaines se plient et se replient sur elles-mêmes par une sorte de mouvement à la fois fortuit et fatal, ou si, dans leur ensemble, elles sont soumises à une évolution régulière, dont les lois, usant peu-à-peu les résistances que l'homme y oppose, dominent ce que, dans l'orgueil de sa liberté, il appelle aussi des lois.

La politique matérielle partant, implicitement au moins, de la première hypothèse, commence par affirmer un fait, car elle ne peut avoir d'autre base; ce sera le plus souvent un de ces faits vagues et incertains desquels on dispute : par exemple, l'état de l'opinion publique, les sentiments du peuple à l'égard de ceci ou de cela, la souffrance ou le bien-être général. Et si l'on conteste ce fait, que fera-t-elle? elle l'affirmera de nouveau, elle ne peut rien de plus. Tout ce qu'il lui plaît de conclure de ce fait contestable et contesté n'a de valeur dès-lors que pour ceux qui l'admettent. De plus, ne le considérant jamais dans les causes générales auxquelles il se lie, mais dans sa simple existence comme fait, elle n'en sauroit tirer que des conséquences arbitraires. Telle chose est parce que je dis qu'elle est, j'ai raison parce que j'ai raison; voilà sa *vérité*, voilà toute sa logique. Regardez-y de près, en effet, suivez sa pensée à travers le dédale de phrases où elle se dérobe, vous ne trouverez guère, au lieu de raisonnements, que des assertions tranchantes.

Dépourvue de règles invariables, elle est réduite, dans la pratique, à un pur empirisme. Et quelle autre méthode est possible, lorsque, s'arrêtant à l'écorce matérielle des choses, on refuse de descendre au-dessous, là où palpite la vie? Tout, dans l'art du gouvernement, se borne pour elle à opposer un fait à un autre fait, ou à prévaloir par la force. Elle en reconnoit de deux sortes, la force qu'elle-même appelle matérielle, et la force morale. La force matérielle, on sait trop ce que c'est; demandez plutôt aux Lyonnais : la force morale se compose des moyens dont on peut user pour diminuer la résistance à la force matérielle; et, non moins matériels eux-mêmes, ces moyens se réduisent à deux : l'intimidation et la corruption.

Contraindre brutalement, intimider, corrompre, si telle est, en effet, la véritable science politique, notre âge certainement a droit de se flatter d'en avoir atteint les dernières limites. Mais pourquoi donc se plaint-on si amèrement du peu de fruit qu'on en retire? Pourquoi faut-il augmenter toujours plus la force matérielle et la force morale, c'est-à-dire, toujours plus contraindre, toujours plus intimider, toujours plus corrompre? Ne seroit-ce point que se renfermant dans un système étroit qui mutile la nature humaine, on n'eût fait en réalité qu'organiser le combat entre la force matérielle destinée à régir les brutes, et la force spirituelle des lois qui président à l'évolution progressive de l'humanité ?

La politique de l'esprit, comme nous l'avons nommée, convaincue de l'existence de ces lois immuables que nie, ou que néglige la politique matérielle des faits séparés de leurs causes générales, s'applique à les découvrir, et dans leur essence nécessaire, et dans leur action continue dont l'histoire nous instruit. Elle lie ainsi le passé au présent, le présent à l'avenir; car pour elle tout se tient, parce que tout est ordonné, et, malgré de légères déviations, procède régulièrement vers une fin providentielle. Dans ce qui est, elle s'efforce de voir ce qui sera. Elle étudie soigneusement les tendances constantes et de chaque peuple et de tous les peuples, persuadée qu'elles sont, à l'époque où elles se manifestent avec ce caractère de persistance, l'indice certain d'un besoin qui ne cessera d'agiter la société jusqu'à ce qu'il soit satisfait. A ses yeux, prétendre arrêter le développement naturel de l'institution sociale chez une nation, et plus encore dans un ensemble de nations qui se sont formées et qui ont vécu sous l'influence des mêmes causes civilisatrices, seroit une pensée non moins absurde et non moins funeste que de vouloir arrêter la croissance d'un individu. On peut le tenter; mais le résultat, pour le malheureux soumis à cette criminelle expérience, seroit infailliblement ou une prompte mort, ou une existence maladive, foible et chargée de douleurs. Ne reconnoît-on dans la vie des peuples aucune suite, aucun enchaînement? Quelque compliquées que puissent être les causes qui ont concouru à le déterminer, leur état actuel n'est-il pas toujours la conséquence et le développement de leur état antérieur? Dans la société, comme dans l'univers, il n'existe aucun phénomène isolé; tous ont leur raison dans les lois nécessaires, immuables et sans cesse agissantes, les saintes et divines lois de la nature humaine; tous, à la fois effets et causes, se produisent mutuellement et se lient l'un à l'autre, tels que les anneaux d'une longue chaîne. On ne sauroit donc, sans heurter le bon sens, donner à la politique une autre base que ces lois mêmes, puisqu'autrement il faudroit nier et l'ordre et l'auteur de l'ordre.

Mais ce qui distingue encore plus la politique matérielle de la politique de l'esprit, c'est que la première est contrainte, en pratique et en théorie, de faire totalement abstraction de l'idée de justice et de l'idée de droit. Le droit ne sort pas du fait, il l'engendre, parce qu'il en est la loi ou le mode d'action de sa cause efficiente. Considéré purement en soi, le fait est stérile, simple enveloppe matérielle de la force active qui l'a réalisé. Une fois accompli, il ne présente, si cette expression nous est permise, que le cadavre du droit, sa morte effigie ; et cette effigie, si on ne la rapporte à son type immortel, qu'est-ce autre chose qu'*un je ne sais quoi, qui n'a de nom dans aucune langue*? Or, reconnoître des droits supérieurs à toute volonté humaine, ce seroit reconnoître des lois spirituelles, et reconnoître encore que ces lois doivent gouverner les êtres sociaux, comme tous les autres êtres, et qu'elles les gouvernent en effet, malgré l'aveugle résistance qu'ils essaient trop souvent d'y opposer ; ce seroit rentrer dans la politique qu'on repousse maintenant avec tant de dédain, dans *la politique du génie*. On s'en gardera bien. Où en seroit-on, si l'on consentoit à discuter les droits au lieu de manipuler les faits, à s'incliner devant l'autorité suprême de la raison, de la conscience, de la justice et de la charité, à placer en elles la règle du pouvoir ? Enoncez-en le désir seulement, soudain la politique matérielle des faits, attaquée dans son essence même, s'effraie, se courrouce, traite de modernes rêveries des maximes aussi vieilles que le monde, s'écrie qu'on veut donc tout perdre, que l'on se joue à bouleverser la société jusqu'en ses fondements.

Cependant si le droit et la justice interprétés par la raison et par la conscience générale ne doivent pas présider souverainement à la conduite des affaires humaines, à l'organisation des états, à leur législation, à leur vie tout entière, qu'est-ce donc que la société, et qu'est-ce que l'homme? Et si c'est une loi nécessaire qu'elles y président en effet, sous peine de souffrances innombrables, d'un désordre éternel et d'une guerre sans fin, que penser d'un système dont la tendance directe et le but avoué seroient de ramener les peuples sous la direction exclusive de l'intérêt privé et d'une sagesse réduite à chercher sa règle dans ce principe, que le monde social, fatalement livré au hasard, n'offre qu'une suite de faits sans connexion déterminée par des lois constantes, au moins connues de nous? A quelles destinées devroient s'attendre des nations régies d'après ces maximes, des nations où le pouvoir public nieroit fondamentalement le droit et la justice, donneroit ce solennel démenti à l'humanité entière affirmant, de siècle en siècle, depuis six mille ans, ses propres lois? On parle d'anarchie; qu'est-ce que l'anarchie? l'absence de lois reconnues, de lois efficaces. Vous, qui en toutes choses ne voyez et ne voulez voir que des faits, vous êtes donc les vrais anarchistes ; et c'est parce que l'anarchie sort de votre système, est votre système même, qu'instinctivement vous y cherchez un remède dans le despotisme.

QUESTION D'ALGER.

La question d'Alger, si grave en elle-même et dans les circonstances qui la compliquent, présente évidemment un côté mystérieux. Quelque grande que puisse être l'impéritie de l'administration, son ignorance et son insouciance, il paroît impossible d'attribuer à cette unique cause la longue suite de fautes, d'événements et d'exemples funestes, de désordres et de crimes même dont cette colonie a été le théâtre depuis six ans. Toute part faite à ce que les tristes nécessités d'une politique corruptrice ont rendu peut-être indispensable d'accorder à certaines ambitions personnelles, à certains intérêts particuliers, il reste encore une masse de faits inexplicables dans leur ensemble ; et ces faits, nous le disons avec une profonde douleur, sont de nature à faire de nous un objet de risée pour l'Europe, d'horreur et de haine pour les populations malheureuses, aux yeux de qui, nous si fiers de notre civilisation, nous sommes venus étaler sans pudeur une stupide barbarie inconnue d'elles.

L'Europe assurément sait à quoi s'en tenir sur la valeur de nos soldats, et il n'est pas à craindre que jamais elle la mette en doute; elle est depuis longtemps trop gravée dans ses souvenirs. Mais quelle idée doit-elle avoir de l'habileté de notre gouvernement et de ses généraux, et, ce qui nous intéresse bien plus, que doit elle penser de notre caractère national, sur les relations qui lui parviennent de nos opérations en Afrique? Quand l'impuissance, et pis que l'impuissance, apparut-elle avec plus d'éclat? Quand l'indécision bizarrement unie à une présomption idiote déshonora-t elle plus effrontément les conseils d'hommes placés à la tête d'un grand peuple? Que veulent-ils au sujet d'Alger? Qui peut le dire? Et ce qu'ils ont voulu, ou paru vouloir, quelle en a été la réussite? Où sont les avantages, où est la gloire que la France a retirée de leurs œuvres? Deux fois ses armées se sont repliées devant les Arabes indisciplinés; deux fois le bulletin de nos désastres est venu porter le deuil au sein des familles et humilier l'orgueil national. L'anarchie administrative, nous nous servons du mot le plus doux, a, d'année en année, ajouté à cette honte des hontes nouvelles. Qu'a-t-on établi qui ait seulement quelque apparence de régularité et d'ordre, quelque caractère de durée? Parmi les actes du pouvoir, en cette malheureuse contrée, en est-il un seul qui révèle une sage pensée d'avenir? Des nuées de spéculateurs avides se sont ruées sur la proie qu'on leur abandonnoit et l'ont dévorée comme les chacals dévorent le coursier délaissé par son maître dans le désert. Rien n'est échappé à leur insatiable faim, pas même les ossements des morts, transportés dans la métropole pour les convertir en noir animal. Le jeu funeste de la bourse, appliqué aux terres vendues, rachetées, revendues, agiotées de mille manières, a excité une telle frénésie de gain illicite qu'on n'oseroit, avant qu'une enquête les ait constatés légalement, raconter les excès inouïs qu'elle a fait naître, excès néanmoins unanimement attestés par la voix publique. On n'a su ni prévoir, ni préparer, ni exécuter. Et qu'on ne nous donne pas pour excuse les difficultés particulières que rencontre dans le caractère français toute colonisation, quelle qu'elle soit. Le Français est léger, mobile, quelquefois moqueur jusqu'à l'offense, cela est vrai ; mais il est vrai aussi qu'aucun peuple n'est plus sympathique, ne se plie plus aisément aux habitudes, aux mœurs des autres peuples ; et, quant au défaut de suite qu'on lui reproche, l'esprit de suite ne doit être cherché que dans le gouvernement, en ceux qui conduisent les affaires, et lorsqu'il manque, on ne sauroit jamais en accuser qu'eux. La France a colonisé le Canada, les îles Maurice et Bourbon ; elle avoit colonisé Saint-Domingue.

elle auroit, avant les Anglais, colonisé l'Inde, si des intérêts privilégiés, servis par une administration imbécille, n'avoient entravé et vaincu enfin le génie des Dupleix et des Labourdonnaye. L'expédition d'Egypte fournit un autre exemple contemporain, et plus directement applicable à la question présente de nos possessions d'Afrique, de la possibilité pour les Français de former au dehors des établissements durables : car la perte de cette belle conquête fut le résultat de causes entièrement étrangères au système administratif que le vainqueur y avoit organisé. En affranchissant le peuple de la tyrannie des beys, Napoléon se garda bien d'y substituer une autre tyrannie. Il se présenta comme un libérateur, et il le fut véritablement. Respectant les idées, les coutumes et jusqu'aux préjugés nationaux, forçant par une discipline sévère ses soldats à les respecter ; au lieu de détruire les institutions consacrées par le temps, la religion, les mœurs, il leur rendit une vie nouvelle, il s'en constitua le protecteur, il introduisit dans leur sein la racine même de son pouvoir, dont l'action, presque inaperçue dans les détails, ne se faisoit guère sentir que par les avantages chaque jour mieux appréciés d'une plus haute civilisation. Aussi le nom français est-il resté grand et vénéré parmi les habitants de cette terre antique, et non-seulement parmi eux, mais dans tout l'Orient, qu'un mystérieux instinct porte à y rattacher ses vagues et lointaines espérances.

Bien différents doivent être certes les sentiments à notre égard des populations algériennes. Nous les avons froissées brutalement par tous les points, dans leur religion, leurs usages, leurs habitudes, leurs mœurs. On a renversé leurs temples, profané leurs cimetières, jeté aux vents la cendre des morts, quand on n'en a pas trafiqué. Il a fallu que, du jour au lendemain, ils se soumissent et à nos lois et à nos formes d'administration. Chez eux la parole est sacrée, et nous avons violé la nôtre toutes les fois que le parjure a paru être utile. Pillés, rançonnés arbitrairement, on a uni pour les dépouiller la cruauté à l'injustice. Le sang n'a rien coûté pour avoir de l'or. On a dévasté, détruit, sans autre but que de dévaster et de détruire. Les Vandales, près de nous, furent dans ce même pays un peuple civilisateur.

Joignez à cela, parmi les aventuriers qu'attire en cette terre de désolation une cupidité ardente, effrénée, l'absence absolue, nous ne dirons pas de toute dignité, mais de toute morale, l'insolent mépris de tout ce que respectent les sauvages les plus abrutis ; pour qui a-t-on dû nous prendre, sinon pour une race en dehors de la nature humaine, destinée à en être le fléau, depuis qu'elle en a perdu les instincts? Et comme si Dieu, pour la punir, lui eût retiré l'intelligence, les populations qu'elle opprime l'ont vue, perpétuellement incertaine de ses conseils, passant d'un dessein à un autre dessein, commençant une chose et l'abandonnant, voulant et ne voulant plus, puis voulant encore, offrir dans la mobilité de ses résolutions contradictoires, le spectacle d'une effrayante aliénation.

Nous le répétons, on ne sauroit attribuer uniquement à l'impéritie, à l'ignorance et à l'insouciance, un ensemble de fautes et de désordres aussi complet que celui dont nous venons de présenter le tableau. Les esprits contraints d'y chercher une explication moins insuffisante se livrent à mille conjectures. Il en est une qui prend chaque jour plus de consistance dans le public. On dit : Puisqu'on a tout fait pour rendre impossible la formation d'établissements tranquilles et durables en Afrique, c'est que le parti est pris de renoncer à cette glorieuse conquête de nos armes ; mais l'opinion s'étant jusqu'ici prononcée en sens contraire, il faut l'affoiblir par la lassitude, il faut créer de tels obstacles à la réalisation du vœu national, que la France, fatiguée des sacrifices aussi stériles qu'énormes où l'entraîne ce vœu, en vienne à désirer elle-même et à demander ce que nous voulons.

S'il étoit vrai que ce calcul eût été réellement fait, la langue n'offriroit point de paroles assez fortes pour le flétrir et le réprouver. Déshonorer à l'étranger une noble et grande nation, prodiguer sa fortune et le sang de ses soldats pour la couvrir d'une ineffaçable ignominie, tarir de dessein prémédité dans leur source les avantages immenses que sa marine et son commerce retireroient de la possession stable du territoire compris entre l'Atlas et le littoral africain, ravir à la civilisation générale un puissant moyen de progrès ; tant de conséquences désastreuses acceptées froidement, pour atteindre un but poursuivi sans relâche à travers la honte et les malheurs publics par des motifs ténébreux qu'on n'ose sonder, ce ne seroit pas là certes une de ces erreurs politiques que l'on pardonne en les déplorant, ce seroit l'un de ces crimes gigantesques pour lesquels la justice des peuples n'a point de châtiments assez rigoureux, ni la postérité assez d'exécration.

Pour conclure : en des circonstances aussi graves, la chambre des députés ne peut, s'il en est encore temps, sauver les intérêts qu'elle est spécialement appelée à défendre, l'honneur national et son propre honneur, qu'en provoquant, de la part du gouvernement, une explication nette, précise, irrévocable, sur ses intentions à l'égard de la colonisation d'Alger, et en ordonnant une enquête, non partielle et timide, mais générale, sérieuse, approfondie, sévère, sur tous les actes sans exception, civils et militaires, des hommes qui, depuis six ans, ont représenté la France, exercé en son nom un emploi quelconque dans cette triste contrée.

LOI SUR LES CAISSES D'EPARGNE.

Les observations qu'on peut faire sur les projets de loi présentés aux chambres sont d'une si parfaite inutilité, leur acceptation est presque toujours tellement certaine d'avance, qu'il faut une sorte d'opiniâtreté de devoir et de conscience pour ne pas se borner à les enregistrer comme de simples faits, irrévocablement soumis à la fatalité ministérielle du vote. Ainsi, la loi relative aux caisses d'épargne a passé d'emblée, sur des motifs dont la foiblesse paroît avoir été sentie par la majorité elle-même, décidée moins encore par les arguments de M. Duchâtel que par l'assurance de ne voter, après tout, comme le lui a dit M. Lacave-Laplagne, *qu'une mesure temporaire et de transition*. Ainsi, la loi se présente à la France avec cette naïve recommandation de ceux qui l'ont faite : « Nous ne savons pas trop si elle est bonne, nous en doutons même extrêmement ; mais tranquillisez-vous, elle ne durera pas : le mal, s'il y en a, ne sera que provisoire. » Le provisoire est en toutes choses, aujourd'hui, notre consolation.

Parmi les objections auxquelles on n'a point

répondu, ou auxquelles on n'a répondu qu'avec les boules du scrutin, il en est plusieurs qui nous semblent de nature à produire une forte impression sur tout esprit impartial.

Le ministre avoit dit : Il y a au trésor surabondance et stagnation de fonds. Ce que vous dites ne peut être et n'est pas, a répondu M. Garnier-Pagès : « Il suffit du bon sens le plus « ordinaire pour savoir qu'il n'y a trop de fonds « que lorsqu'on n'a plus de dettes. » Avant de nous parler de vos embarras de richesse, commencez donc par payer vos dettes. Que si vous ne pouvez ou ne voulez rembourser les rentes, remboursez au moins les cautionnements des fonctionnaires publics, à qui vous payez des intérêts à 4 pour cent, et réglez qu'à l'avenir les cautionnements seront versés en rentes. Ce raisonnement et cet expédient ont été peu goûtés du ministère et de sa majorité. Le vote a réfuté l'un et fait justice de l'autre.

La plus apparente raison en faveur du projet de loi, étoit la nécessité pour le trésor de servir des intérêts sur des capitaux enfouis dans ses coffres, où ils restent improductifs. Donc, a dit M. Mauguin, il faudra qu'ils deviennent productifs dans la caisse des dépôts et consignations ; donc, « vous la transformez en spécula« teur, en agent de change. C'est, a-t-il ajouté, « la première fois que nous introduisons ainsi

« la spéculation dans nos lois ; la caisse des dé-
« pôts et consignations jusqu'ici n'a pas spé-
« culé ; une fois ou deux elle l'a fait, mais il y
« a eu scandale. Par le projet de loi vous cons-
« tituez l'état en véritable spéculateur, vous le
« soumettez aux chances de la hausse et de la
« baisse ; et ne voyez-vous pas ce qu'il y a d'im-
« moral dans une loi qui engage le trésor à spé-
« culer ? Je déclare pour mon compte que je
« n'ai pas encore vu de loi aussi immorale. »

M. Thiers, développant cette observation sous un nouveau jour, et montrant de plus, par l'exemple du syndicat des receveurs-généraux sous M. de Villèle, que les opérations de la caisse des dépôts seroient probablement ruineuses pour elle, a flétri d'un mot le projet de loi : « On veut, a-t-il dit, créer une maison de spé- « culation à côté du gouvernement. » M. Duchâtel s'est récrié, mais le mot restera, parce qu'il est vrai, parce qu'il est le résumé le plus net et le plus complet de la loi.

Appuyant ces fortes objections de l'autorité de son expérience et de sa probité si intacte, M. Laffitte a montré qu'à moins de se jeter, contre le but de son institution, dans des spéculations particulières pleines de chances hasardeuses et de tentations funestes, la caisse des dépôts seroit réduite à n'agir que sur les fonds publics. « Or amener sur le marché des effets

« publics une force aussi considérable que celle « qu'on veut confier à cette caisse, c'est mettre « entre ses mains la direction de la hausse et « de la baisse. » En conséquence, il *repousse le projet à la fois comme inutile et comme immoral.*

Nous disons, nous, que, lorsque des hommes dont la parole est habituellement si prudente et si mesurée, s'accordent pour qualifier d'*immoral* un projet de loi, ce projet, passât-il à une immense majorité, ne peut qu'alarmer l'opinion et produire un fâcheux scandale. C'est ainsi qu'on ébranle chez un peuple les fondements mêmes de l'ordre public. Car, si les lois peuvent être en contradiction avec la morale, si seulement on doute qu'elle ne le soit en réalité, où sera leur puissance? On aura des lois de fait, comme on a une politique de fait, et tout sera de pur fait, *temporaire* dès-lors *et de transition*, jusqu'à ce que la morale, la justice, le droit, reconstituent, au sein de ce chaos, un ordre véritable, un ordre qui trouve sa sanction, comme la garantie de sa durée, dans les idées impérissables et les immortels sentiments qui font l'homme.

DU DROIT ET DU DEVOIR.

On parle beaucoup du droit et du devoir, et ce qu'on en dit pourroit faire douter qu'on en ait une idée bien nette. Nous voulons essayer d'éclaircir ces deux importantes notions: car le droit et le devoir sont les deux grands pivots de la société et de la vie humaine. Si ce n'est pas là une question du jour, de l'heure, elle n'en mérite pas moins peut être qu'on s'y arrête quelques instants. Après ce que le temps emporte si vite, ce qui s'élève au-dessus du temps même, ce qui préside à la production des phénomènes qui se manifestent dans son cours, a aussi pour l'homme, nous l'osons croire, quelque prix et quelque intérêt.

Tout ce qui est doit être, puisque Dieu a voulu qu'il fût. Or, le droit, pour chaque être pris à part, est l'ensemble des conditions de sa vie propre et individuelle. Par cela seul qu'il est, il a le droit de continuer d'être, et conséquemment un droit essentiel à tout ce qui lui est indispensable pour conserver et développer son être.

Mais ce qui est vrai d'un individu est également vrai de tous. Tous possèdent donc le mé me droit de conserver et de développer leur être, et ce droit, qui appartient à tous, doit être respecté par tous et en tous ; sans quoi il n'existeroit réellement pour aucun.

Cette obligation réciproque de respecter le droit d'autrui, seule garantie que chacun puisse avoir de son propre droit, est ce qu'on appelle devoir.

Le droit et le devoir ne sont donc en réalité qu'une même chose, considérée sous deux faces diverses : ces mots, qui se rattachent par une commune racine au même fait primitif, n'expriment que deux relations qui se déterminent mutuellement. Mon droit détermine à mon égard le devoir d'autrui ; le devoir d'autrui détermine en un sens mon droit. Ainsi j'ai le droit de me nourrir ou de me conserver ; de là le devoir d'autrui de ne pas m'empêcher de me nourrir et de m'y aider au besoin selon son pouvoir. Réciproquement ce devoir est à la fois la reconnoissance et la détermination du droit que j'ai à la nourriture nécessaire pour vivre.

Toutefois, si on remonte plus haut, on découvrira, ce que nous venons de dire subsistant, une notion plus profonde du droit et du devoir, correspondante aux deux lois les plus générales de la création.

Tout ce qui est se compose de choses ou d'êtres individuellement distincts, et si ces êtres distincts n'étoient pas, rien ne seroit.

Une roche granitique, calcaire, ou autre, une masse quelconque inorganique, est composée de molécules dont chacune, quoique unie aux autres, a son existence propre et séparée ; et s'il n'existoit pas de pareilles molécules, la masse elle-même n'existeroit pas, puisqu'elle n'en est que la collection, l'assemblage.

De même les plantes et les animaux n'existent comme espèces que parce qu'il existe des individus dont la réunion forme chacune de ces espèces ; et il en est ainsi de l'homme. Qu'est-ce que l'humanité, le genre humain, si ce n'est la réunion des individus distincts appelés hommes ?

D'une autre part, nul individu, à quelque classe d'êtres qu'il appartienne, ne peut subsister isolément. Sa vie et le développement de sa vie dépendent de ses relations avec les êtres de même espèce, avec tous les êtres de l'univers. S'il agit sur eux, ils agissent sur lui, et bien plus puissamment ; il n'a que ce qu'ils lui donnent, et, sous ce rapport, il leur est forcément subordonné. Parties d'un tout qui n'existeroit point sans eux, les êtres individuels n'ont eux-mêmes d'existence possible que dans ce tout et par ce tout au sein duquel ils sont plongés, et où ils puisent perpétuellement leur portion, pour ainsi parler, de la vie une et universelle.

Ouvrez les yeux sur ce qui vous entoure, vous reconnoîtrez que l'existence des corps bruts, des pierres par exemple, des cristaux, des métaux, dépend d'une multitude de conditions chimiques, d'actions et de réactions qui continuellement s'opèrent dans la masse des corps.

L'existence des plantes et des animaux dépend de conditions, d'actions et de réactions plus nombreuses encore et plus variées. Ils ont besoin de lumière, d'électricité, de chaleur, de l'air atmosphérique, d'eau, de carbone, de sels divers, et que sais-je ? Ils ont besoin les uns des autres. Les débris de végétaux forment, en grande partie, le sol où croissent la plupart des plantes, et qui leur est indispensable. Les plantes nourrissent certaines tribus, certains genres d'animaux destinés à servir eux-mêmes de nourriture à d'autres animaux.

Enfin l'homme a besoin de tous les autres êtres ; il les ramène tous à son usage, les ordonne en quelque manière autour de sa vie, à l'entretien et au progrès de laquelle ils sont nécessaires à divers degrés. Il a surtout besoin de ses semblables ; il en a besoin à sa naissance pour subsister seulement un jour, il en a besoin constamment. Sans eux, sans leur appui, leur concours, que seroit-il ? moins que l'animal; car il manqueroit et de l'intelligence que la société développe, et de l'instinct sûr de la brute, qui suppléе pour elle la raison dans les étroites limites fixées par sa nature, et qu'elle ne sauroit franchir.

De là deux lois universelles :

La loi qu'on peut appeler de l'individu, parce qu'elle a pour but la conservation de chaque être et de chaque chose dans son unité individuelle :

La loi du tout, dont l'objet est la conservation de toutes les classes d'êtres harmoniquement liés entre eux dans l'unité de l'univers.

Et ces deux lois sont, comme on l'a vu, les deux conditions générales et absolues de l'existence.

Chaque être trouve en soi la première de ces lois, et il n'a qu'à suivre ses instincts naturels pour y obéir ; car chaque être tend invinciblement à sa propre conservation. Mais, s'il n'obéissoit qu'à cette seule loi, elle le constitueroit en guerre éternelle avec tous les autres êtres, parce que, n'ayant d'autre fin que lui-même, elle le porteroit en toute rencontre, par une nécessité fatale, à se préférer à eux ou à les sacrifier à lui. Son empire exclusif auroit pour conséquence la perturbation du tout et sa destruction, s'il étoit possible que le désordre atteignit son dernier terme, et dès-lors aussi la destruction de l'individu même.

La loi du tout, conservatrice de l'universalité des êtres, est donc encore conservatrice de chaque être particulier: et comme elle consiste dans le concours de chaque être à la conservation et au développement de tous les autres êtres, dans le don qu'il leur fait de soi, suivant une mesure que déterminent les conditions mêmes de la conservation du tout, il s'en suit que le dévouement, le sacrifice, non des autres à soi, mais de soi aux autres, est la première loi de la vie individuelle et universelle.

En se bornant à considérer les êtres intelligents et spécialement l'homme, de la loi relative à l'individu dérive le droit; de la loi relative au tout dérive le devoir.

Tout ce qui peut être conçu sous la notion de droit se rapporte en effet originairement à l'individu, lui appartient exclusivement, et les droits collectifs ne sont qu'une extension de ce droit primitif appliqué à une individualité abstraite et, en un sens, fictive. Ainsi les droits du peuple, droits collectifs, ne sont et ne peuvent être que les droits naturels et primitifs de chacun des individus dont se compose le peuple.

Et ce qui est vrai de l'universalité des êtres est également vrai de l'homme, également vrai du peuple : le droit seul le tueroit. Sa vie et le développement indéfini de sa vie ont pour condition l'union intime et l'action commune du droit et du devoir, l'un conservateur de l'individu et de sa liberté, qui est son être même, le principe essentiel de tout progrès, de tout mouvement ; l'autre conservateur de l'unité sociale, hors de laquelle nul ordre, nulle vie.

On ne sauroit donc trop répéter aux hommes : défendez vos droits avec fermeté, accomplissez vos devoirs fidèlement. Le devoir sans le droit, c'est l'esclavage ; le droit sans le devoir, c'est l'anarchie.

POURQUOI LES CHAMBRES ONT SI PEU D'INFLUENCE SUR L'OPINION PUBLIQUE.

Les deux chambres renferment des hommes de beaucoup d'habileté, de mérite et de talent, des hommes individuellement très-respectables et très-respectés : mais, comme chambres, elles ne possèdent, en dehors du pouvoir de fait dont la charte les a matériellement investies, aucune autorité, aucune puissance morale dans le pays. Nous voulons en rechercher la cause.

Pour la chambre des pairs, elle se trouve en partie dans sa nature même. Qu'est-ce que la pairie ? que représente-t-elle ? à quoi correspond-elle ? en quel coin si écarté et si étroit de notre terre de France a-t-elle pu étendre ses foibles racines ? Le nom même de *pair* n'offre aujourd'hui aucun sens pour nous. Pair signifie semblable, égal. A qui les pairs sont ils semblables ? de qui sont-ils égaux ? est-ce que légalement tous les Français ne le sont pas, ne le doivent pas être ? Comment donc l'égalité pourroit-elle être le caractère distinctif de quelques-uns ? comment la concevoir sous la notion de privilége ? Il le faut bien pourtant, ou la pairie n'est rien. Pour qu'elle soit quelque chose, il est nécessaire que l'ancien nom se rattache à l'ancienne idée. L'institution nouvelle gravite forcément vers l'antique institution des temps féodaux ; elle contient le germe indestructible d'une aristocratie différente, si l'on veut, dans ses formes et ses conditions, de l'aristocratie ancienne, mais non moins réelle, non moins opposée aux principes qui ont fait la révolution, et à l'esprit d'égalité qui anime la nation entière. C'est pourquoi la pairie inspire à celle-ci une sourde inquiétude, une continuelle défiance. A l'époque où ses volontés avoient encore du poids, elle la dépouilla de l'hérédité ; mais l'hérédité est de son essence et constitue sa vie. Force est donc à ceux qui la croient, et avec raison, un élément indispensable de l'organisation politique qu'ils ont pris à tâche de rétablir ou de consolider, force leur est de rendre à la pairie la prérogative fondamentale sans laquelle elle n'aura jamais qu'un fantôme de pouvoir, une ombre d'existence. Mais un corps politique héréditairement privilégié implique une aristocratie de même nature, dont il forme le sommet, la tête : autrement que seroit-il, qu'un être sans raison d'être, une création mort-née, une anomalie destinée à promptement disparoître ? Ces nécessités, inhérentes à l'institution de la pairie, d'une part donc la séparent du peuple universellement imbu des grandes maximes proclamées en 1789 et qui ont passé dans ses mœurs ; et, d'une autre part, la contraignent, dénuée qu'elle est de toute puissance propre, de chercher un appui et un abri dans celle du pouvoir dont les intérêts ont avec les siens une naturelle analogie, de se blottir timidement sous ses ailes. Or, une semblable protection ne s'obtient jamais qu'au prix de concessions imposées au foible. De là, pour la pairie une position dépendante, et si dépendante qu'on a pu, sans qu'elle y résistât, la transformer en un tribunal exceptionnel chargé de suppléer les juridictions régulières, toutes les fois qu'on ne se tiendroit pas suffisamment sûr de celles-ci.

Ces différentes causes réunies nous paroissent expliquer le peu d'influence que la chambre des pairs exerce sur l'opinion, ce n'est pas assez dire, l'état de lutte constant où elle se trouve avec l'opinion. Il semble qu'elle en ait elle-même la conscience douloureuse. Ses doubles fonctions législatives et judiciaires lui pèsent visiblement. A chaque procès nouveau qu'on lui défère, la plupart des juges, affaisés sous le fardeau de leur omnipotence apparente, se soulèvent péniblement et se traînent avec tristesse et dégoût aux siéges d'où émanent les arrêts de leur justice exceptionnelle ; et quant aux lois, elles passent devant elle, sans que même quelquefois elle puisse les discuter, ou sans qu'elle le veuille, tant elle a l'instinct de sa nullité politique.

Malgré sa puissance très-réelle, si on la considère en soi, dans sa nature abstraite et son action possible, la chambre des députés ne possède guère plus d'autorité morale. Elle suit en boitant l'opinion, elle ne la précède pas. Trop souvent même, cédant à des impulsions externes, elle la heurte violemment, et alors ses lois sortent de l'urne où le ténébreux travail du nombre leur a seul donné l'être, comme une sorte de produit fatal de la nécessité politique.

Pour exercer un véritable ascendant sur l'opinion, il y a des conditions, quoique l'on fasse, indispensables. Or, pas une de ces conditions ne se rencontre, ne sauroit se rencontrer maintenant dans la chambre des députés. Nous déplorons les choses beaucoup plus que nous n'accusons les hommes. Quel homme aujourd'hui pourrait changer immédiatement ce qui est, verser dans les institutions la vie qui leur manque? Nul ne le peut. La tâche de l'homme public est de lutter contre sa position, afin de s'affranchir, en partie dumoins, des tristes conséquences que personnellement elle entraine pour lui. Celle de l'homme privé est d'observer les faits et d'en rechercher les causes dans un but futur d'utilité générale. Il vient, après le naufrage, marquer sur la carte l'écueil contre lequel s'est brisé le vaisseau.

La chambre élective, émanée d'un corps privilégié presque imperceptible dans la masse du peuple, ne représente de droit et de fait que ce corps dont elle émane, et ses intérêts propres. De quel poids donc peuvent être ses pensées, ses jugements, ses actes, sous le point de vue de leur tendance, quant au reste de la nation ? L'esprit de celle-ci, évidemment, ne sauroit être l'esprit de celle-là. L'une, par sa nature même, est appelée à défendre ce que l'autre doit vouloir changer ; car là où deux se rencontrent avec un droit égal et des avantages légalement inégaux, il y a guerre nécessairement.

L'expérience montre en outre qu'à raison de ses nombreux moyens d'influence, le pouvoir, quel qu'il soit, dispose toujours, hors certains cas très-rares, d'une majorité exemplairement docile et dans les colléges électoraux, et dans les assemblées délibérantes qu'ils ont la haute fonction de former. L'esprit humain est tellement fait, pour nous en tenir à cette seule explication, que, sous tous les gouvernements, sous tous les régimes, tous les systèmes, dans toutes les circonstances possibles et imaginables, si vous réunissez quatre à cinq cents individus pour traiter des plus graves affaires du pays, il y en aura toujours à peu près un tiers dont les convictions et la conscience seront pleinement en harmonie avec la conscience et les convictions des hommes actuellement en possession des portefeuilles, sans qu'aucun changement si subit, si profond qu'il soit dans les pensées, les principes et les vues de ceux-ci, trouble jamais un seul instant ce merveilleux accord. Ceci, c'est la providence du pouvoir ; il faut l'admirer, et conseiller à ce même pouvoir de ne pas s'endormir dans une excessive confiance en un secours trop peu spécial pour être, en aucun cas, un solide fondement de sécurité, une garantie réelle du lendemain.

Il est assez clair que cette partie de la chambre qui, comme une pendule réglée par la main qui gouverne actuellement, sonne toujours l'heure ministérielle, ne sauroit posséder une autorité bien grande dans le pays. Reste donc les oppositions avec leurs nuances diverses. Or, par une conséquence malheureuse de l'état général des choses et des mœurs politiques qu'il a créées, tout à peu près est devenu fictif dans les débats de la tribune. Conçues et proposées en vue d'une fin qu'on n'avoue pas, qu'on ne pourroit avouer, défendues ou repoussées par des motifs différents de ceux qu'on exprime, les lois, dépouillées de leur caractère propre, ne sont guère que des armes avec lesquelles les partis se combattent. La conquête du pouvoir ou sa conservation, la défaite ou le triomphe d'un système ou d'un intérêt, telle est d'ordinaire la question réelle, la secrète pensée qui dirige et anime la discussion. De là une sorte de langage convenu, d'argot législatif, de chiffre oral, inintelligible à qui n'en a point la clé. On ne dit point ce qu'on paroît dire, la parole a deux sens, le sens véritable que l'esprit y attache, et le sens apparent destiné à couvrir celui-là, soit, en certain cas, par pudeur, soit pour échapper aux entraves que la liberté des opinions trouve au sein du corps même spécialement établi pour maintenir toutes les libertés. Joignez à cela, quand il s'agit d'un intérêt de parti, le désordre, le bruit, les interpellations violentes, les trépignements, les cris ; et, au contraire, l'apathie profonde, l'ennui, l'indifférence et l'impuissance même d'écouter, lorsqu'il n'est question que des intérêts généraux, des intérêts de la nation entière, et vous comprendrez le peu d'influence qu'exercent sur elle ceux qu'une loi de privilége lui assigne pour représentants.

Nous constatons un fait que la bonne foi ne niera point ; et ce fait ne sauroit être trop déploré, car les conséquences en sont graves. Qu'est-ce qu'une société où les premiers corps de l'état sont étrangers à ce point au peuple dont ils dirigent matériellement les destinées? Ce défaut absolu d'autorité morale n'est-il pas le symptôme d'un vice organique dans les institutions une cause permanente d'instabilité, une perpétuelle menace de crises inévitables? Aussi, sous les formes diverses ou de l'espérance ou de la crainte, en voyez-vous partout le vif pressentiment. Oubliant ce qui est, comme si déjà c'étoit le passé, chacun s'interroge sur ce qui sera. Les peuples agités et souffrants ressemblent au pauvre malade qui, dans la rude saison des tempêtes, rêve le printemps, et la verdure, et les fleurs, et les parfums, et le soleil, et les douces brises qui le ranimeront.

LOI D'APANAGE.

La lettre de M. Cormenin, sur le projet de loi d'apanage en faveur de M. le duc de Nemours, a eu trop de retentissement pour que la presse impartiale ne se juge pas obligée de donner aussi la publicité qui peut dépendre d'elle aux motifs sur lesquels se fonde l'opinion contraire à celle que l'honorable député a défendue avec une logique si piquante et, à notre avis, si victorieuse. Toutefois la justice nous fait un devoir de convenir qu'on peut dire aussi, en un sens opposé, des choses fort remarquables, et que nous recommandons particulièrement aux défenseurs futurs du projet dans les deux chambres. Nous avons été amenés à cette conviction par la lecture d'un écrit intitulé : « *L'Alliance « des augustes père, mère et ses illustres en« fants, commandant sur terre et sur mer.* » L'auteur ne se présente pas avec des titres médiocres ; il a découvert le mouvement perpétuel ; et comme l'Académie des sciences, avec un peu de mauvaise humeur et de prévention peut-être, conteste la réalité de cette magnifique découverte, M. Celestin-Jannin, c'est le nom de l'auteur, tient à la prouver par un fait sans réplique, en en faisant une grande et solonnelle application à la fortune de la famille régnante. La question réduit à ce point, qui l'emportera de l'Académie ou de M. Jannin? Nous inclinons beaucoup à croire que ce ne sera pas l'Académie. Le mouvement perpétuel sera, quoiqu'elle en ait, démontré de telle sorte qu'elle et nous en garderons le souvenir.

M. Jannin adopte, comme M. Cormenin, la forme épistolaire. Après avoir eu « l'honneur « de solliciter de sa majesté Louis-Philippe Ier, « Roi des Français, la permission de dédier « la lettre suivante, formée de vœux et de res« pects, à sa majesté la Reine des Francs, » il entre en matière :

« *A Son Altesse Royale Monseigneur le duc de Nemours.*

« MON PRINCE,

« Permettez-moi d'avoir l'honneur de vous « écrire au sujet du projet de loi, d'une au« guste volonté et ministériel, touchant l'apa« nage de Votre Altesse Royale, et de la dota« tion de la princesse Louiso, Sa Majesté la « reine des Belges, considérant ces dotations « apanagères être équitables et justes.

« Je fais des vœux pour que ce projet de loi « obtienne tous les suffrages législatifs.

« Le 25 décembre dernier, j'ai eu l'honneur « d'adresser aux chambres une pétition ; j'ai « l'espoir qu'elle paraîtra à son tour, et que « MM. les législateurs prendront en considération ma réclamation, que je crois équitablement juste. . . .

« Par votre équitable suprématie, mon prince, je demande qu'on m'oblige à payer « 14,000 fr. à l'acquéreur de mes biens, pour « rentrer dans ce qui reste. . . Je supplie Votre « Altesse Royale de vouloir bien dire une parole à M. le président de la chambre des députés, pour qu'il soit fait droit à ma réclamation. . . .

« Ma pétition aux illustres chambres, sous la « date du 25 décembre, contient ce fragment :

« Des droits de tous, l'empire
« Ne laissez pas détruire.
« O du grand roi des rois
« Peut-on craindre les lois !
« Au succès de l'honneur,
« Et pour tous le bonheur,
« Faire chérir la vie...

« Mon prince, je souhaite de tout mon cœur « vous voir triompher dans le projet de loi concernant l'apanage de V. A. R. Je souhaite pareil triomphe à la princesse Louise, S. M. la « reine des Belges. . . »

Continuant de mêler l'affaire de sa *cassette* avec celle de la cassette de M. le duc de Nemours, l'auteur continue :

« Je demande pardon pour les ravisseurs de « mes biens, sycophantes dévastateurs, traîtres « aux couronnes, à l'état, à la nation..... et me « faisant sortir de mon caractère humble pour « me forcer à rechercher l'honneur des devoirs « de ma patrie, dans la magnanimité de ses « augustes chefs ; sollicitant aide, justice et « protection.

« Pour reconnaissance, mon prince, j'aurai « l'honneur de faire hommage à Votre Altesse « Royale d'un mouvement perpétuel. J'aurai « l'honneur de faire hommage d'un autre à Sa « Majesté la reine des Belges.

« Mon prince, si Votre Altesse Royale me « l'ordonne, j'aurai l'honneur de lui expliquer « le système des forces de cette découverte « qu'elle comprendroit dans cinq minutes, par « la multitude de ses connoissances antérieu- « res à la solution de ce problème...

« Dans la capitale, soyez, mon prince, un nou- « veau Pâris pour votre Vénus, faisant l'admi- « ration du monde. Apollon et Minerve célébre- « ront, comme Mars, vos hauts faits, protégé « des Français, chantés par les grâces, immor- « talisé par les Muses, compagnes chéries des

« législateurs et des poètes, les uns volant au « Temple de Mémoire, les autres au Parnasse. »

Qui ne seroit ému de vœux si touchants, ravi de louanges aussi délicates ? Qui ne voteroit par acclamations et l'apanage et le mouvement perpétuel ! Oh ! M. Cormenin, vous avez bien perdu votre temps.

QUE PEUT FAIRE LE GOUVERNEMENT?

Pourvu que la France soit heureuse, libre, forte, que nous importe à nous de qui elle tienne les biens que nous désirons si ardemment pour elle? Nous ne regardons que les choses, les hommes nous sont indifférents. Les hommes, qu'est-ce? ou des instruments qui, poussés par cette force invisible, toujours vivante dans le sein des peuples, accomplissent l'œuvre providentielle, ou des obstacles que le temps brise. Voilà tout ce qu'ils sont, tout ce qu'ils peuvent. Est-ce donc la peine de s'en occuper tant? Hors du cercle où bruissent les querelleuses jalousies, les ambitions rivales, les haines personnelles, où fermentent les basses convoitises, il y a, certes, de plus hautes questions. Pour nous, qu'il nous soit permis de nous rendre ce témoignage, libre des passions qui aveuglent et des intérêts qui fascinent, trois choses ont notre amour, trois noms font battre notre cœur: Dieu, la patrie, et l'humanité, qui n'est elle-même que la patrie universelle. Et c'est pourquoi notre parole naïve et franche s'adresse surtout aux âmes, nombreuses encore, qui, pures de toute corruption politique ou autre, tressaillent aussi à ces grands noms. Les unir, s'il se peut, dans une commune pensée, comme elles le sont déjà dans une sympathie commune, tel est notre vœu et le but de nos travaux. Nos efforts pour l'atteindre ne se lasseront jamais; est-ce que le devoir se lasse? Le présent est rude, il est vrai; mais l'avenir est devant nous, et nous y marchons, soutenus par une inébranlable foi dans les lois éternelles de l'ordre, guidés par cette espérance dont les lueurs mystérieuses éclairent la route où, depuis tant de siècles, s'avance le genre humain.

La politique du jour, non-seulement s'agrandit lorsqu'on la rattache à ces idées plus générales, à ces sentiments plus généreux; mais il n'est guère d'autre moyen de surmonter le découragement et le dégoût que le plus souvent elle inspireroit, si on ne la considéroit qu'en elle-même. Voyez, par exemple, ce qui se passe maintenant. Où en sommes-nous? Où allons-nous? Quelle issue le pouvoir trouvera-t-il pour échapper aux difficultés qu'il a, comme à plaisir, accumulées autour de lui? Le problème que sa position, pleine d'embarras et de périls qui naissent rapidement les uns des autres, l'oblige à se poser, n'offre que trois solutions. Nécessairement il faut, ou revenir sur ses pas, ou passer outre, dans la voie jusqu'à présent suivie, ou s'y arrêter immobile.

La presse ministérielle se partage, comme nous l'avons déjà fait remarquer, entre ces deux dernières solutions, et ce partage n'a rien qui doive étonner ; car, de part et d'autre, on s'oppose des objections qui ne souffrent aucune réplique sensée. Que peuvent en effet répondre les hommes du mouvement aux partisans de l'immobilité, lorsque ceux-ci leur disent : Que prétendez-vous ? Quels sont vos desseins ? A l'étroit dans la charte, à l'étroit dans les lois de septembre, dans toutes les lois exceptionnelles que nous avons demandées comme vous, avec vous, et que vous déclarez ne plus suffire, que vous faut-il donc ? Que reste-t-il encore à enlever à la presse, au jury, à la liberté individuelle, à moins d'en effacer jusqu'à la dernière ombre ? Vous êtes fatalement conduits jusque-là : car les résistances qui vous alarment, et que vous voulez vaincre, s'échelonnent sans interruption jusqu'au pouvoir absolu d'un seul. Arrivés à ce terme, celles-là même que vous croiriez avoir vaincues et que vous auriez seulement entraînées silencieuses à votre suite, se concentrant dans la dernière, lui prêteroient toutes leurs forces réunies, et alors, que se passeroit-il ? le pourriez-vous dire ? Savez-vous à qui la suprême victoire resteroit ? Si vous ne le savez pas, nous le savons, nous, et c'est pourquoi nous nous garderons bien de nous associer aux chances de vos périlleux projets, de vos projets *révolutionnaires*: oui, révolutionnaires, car une révolution en seroit certainement l'inévitable conséquence. Pouvez-vous en effet changer radicalement l'esprit, les idées, les mœurs de la société présente? Pouvez-vous étouffer au fond des cœurs le sentiment que les hommes ont maintenant de leurs droits, ravir à la France ceux qu'elle a conquis par un demi-siècle de luttes persévérantes? Que si vous ne le pouvez pas, qu'opposerez vous à la nation entière se levant au nom de la justice et des serments jurés, pour repousser votre oppression, pour défendre sa dignité, sa liberté, tout ce qu'elle veut et doit vouloir, pour sauver sa vie même comme nation? Nous croyons sincèrement à votre bonne foi; vous êtes autant que nous fidèles au pouvoir que nous avons pris l'utile engagement de servir; mais la peur vous égare, et vous lui conseillez de mourir.

Que faire donc? Rester immobile? Se retrancher derrière les remparts de la législation actuelle, comme une armée qui sent sa foiblesse, s'enferme dans le camp qu'elle a fortifié? Mais qui se laisse assiéger est tôt ou tard contraint de se rendre. Mais rester immobile, lorsqu'un mouvement continuel et nécessaire emporte en avant la société, lorsque tout se déplace, se modifie, change incessamment autour de vous, quoi de plus impossible ou de plus insensé? Aucun moyen de gouvernement n'a de puissance ni d'effet que par sa relation avec un état donné des esprits et des choses. Que Louis XIV revînt au monde avec la pensée immuable et l'inflexible volonté de régir la France comme il la régissoit au dix-septième siècle, le pourroit-il, quelle que fût d'ailleurs la force matérielle dont il disposât? Et d'où vient que cette volonté, cette pensée seroient le comble de l'extravagance; d'où vient qu'elles équivaudroient à l'abdication du pouvoir, sinon parce que les changements accomplis dans la société toujours progressive opposeroient à l'exécution d'un semblable conseil des obstacles sans nombre, tous également insurmontables? Le pouvoir maintient au sein des nations une certaine discipline accommodée aux temps et sans cesse variable dès lors; mais au fond, et quelles que puissent être les apparences dont si aisément on se laisse éblouir, ce ne sont point les gouvernements qui conduisent les peuples, ce sont les peuples qui traînent à leur suite les gouvernements: avec combien de travail, avec combien de fatigue, l'histoire entière le dit.

Sous le point de vue qui est le leur, les *révolutionnaires* ministériels ont donc sur les immobiles une incontestable supériorité de logique et de raison. Que peuvent en effet répondre ceux-ci à ces péremptoires interpellations ? Soldats foibles et timides, vous dites à vos chefs : la marche est longue, le chemin difficile, semé d'embarras et de périls ; pourquoi ne nous pas arrêter ? Asseyons-nous ici sur le bord de la route. Mais si, quand tout le reste, obéissant à une irrésistible impulsion, continue d'avancer, les chefs seuls s'arrêtent avec vous, qu'adviendra-t-il et de vous et d'eux ? Ne songez pas même à dresser une tente dans cette solitude; vous n'aurez qu'une fosse à vous y creuser.

Que dites-vous au pouvoir ? Vous avez rencontré des résistances ; il a fallu les vaincre par la force des armes et par celle des lois. Pour intimider vos adversaires, il a fallu évoquer entre eux et vous un spectre sanglant. Pour vous défendre contre la liberté, il vous a fallu l'attaquer elle-même, l'affoiblir tellement qu'elle ne pût désormais gêner votre action. Tout cela, vous l'avez dû faire : mais n'allez pas plus loin, vous sortiriez de votre droit, et la peine suivroit de près le délit.

Mais si, comme vous le soutenez avec nous, le pouvoir a eu le droit de faire toutes ces choses, en quoi ce que nous lui conseillons seroit-il plus hors de son droit ? En vertu de quelle régle de logique fixerez-vous la limite passé laquelle il ne sera plus permis à un principe de produire ses conséquences ? Ce qu'on a fait suppose le droit absolu de tout faire, le droit d'accomplir tout ce que commande la suprême loi de la nécessité. Y a-t-il, ou n'y a-t-il pas aujourd'hui nécessité pour le pouvoir de recourir à des mesures nouvelles, d'avancer, s'il veut vivre, dans la voie où de concert nous l'avons pressé d'entrer, voilà entre vous et nous l'unique question réelle.

Or, depuis que l'émeute n'inquiète plus les populations paisibles, que l'association a été proscrite, la presse à demi-baillonnée, le jury modifié profondément en faveur de l'accusation, la liberté individuelle privée de la plupart de ses garanties, la prison politique assombrie et réformée sur le modèle que nous ont légué les siècles que le vulgaire nomme barbares : depuis lors, le pouvoir s'est-il affermi ? son action est-elle plus facile, plus libre ? n'éprouve-t-il pas, au contraire, comme une gène croissante ? est-il un point de la société d'où ne sorte pour lui une vague menace ? ne se sent-il pas près de plier sous je ne sais quelle invisible main qui le presse toujours plus ? Le plus grand de ses dangers, ce ne sont pas les poignards du fanatisme ; c'est bien plutôt cette sourde résistance qui se manifeste de tous côtés et qui s'accroît incessamment. N'en reconnoissez-vous pas l'existence, et n'y cherchez-vous pas vous-même un remède dans les lois récemment présentées aux chambres ? Par quelle étrange contradiction vous élevez-vous donc contre des mesures qui dérivent naturellement de celles-là, contre les seules mesures efficaces? Le mal est là, qui grandit devant nous avec une rapidité effrayante, et vous reculez dans le dernier combat, et vous n'osez aller jusqu'où la *nécessité* vous pousse. Vous criez au pilote de s'arrêter sur l'écueil qu'il doit, s'il ne veut s'y briser, franchir sans délai, en imprimant au vaisseau une secousse hardie. Vous nous appelez *révolutionnaires*; c'est vous qui voulez la révolution, vous qui l'aurez faite, si l'on s'abandonne à vos funestes inspirations. Souffrez donc qu'à meilleur droit nous vous renvoyons vos propres paroles: nous croyons sincèrement à votre bonne foi; vous êtes, autant que nous, fidèles au pouvoir que nous avons pris l'utile engagement de servir; mais la peur vous égare, et vous lui conseillez de mourir.

Entre ces impulsions opposées, ces opinions contradictoires, fondées l'une et l'autre sur des motifs irréfutables, l'une et l'autre appuyées de prophéties de mort, que fera le gouvernement? Il paraîtra vouloir, il voudra peut-être adopter les conseils de ceux qui lui disent, arrêtez-vous; et, avant que peu d'années s'écoulent, il aura obéi à ceux qui lui disent, marchez.

Cependant, outre les deux partis dont on lui offre le choix d'une manière si peu rassurante, n'y en auroit-il point un autre moins hasardeux? Le pouvoir, éclairé par l'expérience, ne pourroit-il point, revenant sur ses pas, entrer dans une voie différente de celle où chaque jour il rencontre plus d'obstacles et plus de dangers? Parmi ses défenseurs en titre, pas un seul n'en a eu même la pensée, et ils ont en cela fait preuve de raison; car, de toutes les impossibilités, la plus grande pour un gouvernement c'est de rétrograder. Supposé qu'il le pût, le tenter seulement ce seroit proclamer sa fin. Quelle puissance, en effet, quelle autorité morale pourroit conserver un pouvoir réduit à confesser qu'il s'est radicalement mépris sur les plus importantes questions sociales, sur des questions de vie et de mort pour lui et pour la nation; qui, en conséquence, viendroit abjurer les principes, les maximes dont il avoit fait sa règle, demander d'abolir comme pernicieuses les lois sollicitées par lui comme des lois de salut, flétrir solennellement ses paroles et ses actes, se déclarer enfin imbécile ou pervers, à un degré jusqu'à présent inouï parmi les hommes? Cette hypothèse ne souffre pas même une apparence de discussion. Ainsi, force est au gouvernement de se décider pour l'un des deux autres partis. Nous ne disons pas que cette nécessité soit tranquillisante et douce; nous disons que c'est une nécessité.

QUE LE VÉRITABLE CONSERVATEUR, C'EST LE PEUPLE.

Nous l'avons déjà dit, pour qu'une précipitation irréfléchie et contraire aux lois de la nature ne porte pas le trouble dans le corps social en y entretenant une sorte d'excitation fébrile qui fatigue et use les ressorts de sa vie, le progrès doit être, non certes jamais arrêté ou suspendu, mais réglé par un sage esprit de conservation ; et le mot même de progrès implique l'idée d'un mouvement régulier et continu, sans déviation ni brusques secousses, vers un point fixe, ou vers plusieurs points successivement déterminés. Le trop impatient désir d'un bien dont le temps n'est pas encore venu, auquel il manque encore quelques conditions d'existence, ne sert souvent qu'à prolonger le mal au lieu d'y remédier. On ne demande point à l'arbre où la sève commence à monter le fruit qui ne peut apparoître qu'après la fleur au sein de laquelle en est caché le germe. Pour cueillir un jour celui-là, il faut d'abord conserver celle ci ; mais qui voudroit, ne voyant qu'elle, la conserver indéfiniment, se priveroit du fruit qu'elle renferme, sans empêcher qu'elle ne se flétrît.

Dans la sphère des choses dépendantes, en une certaine mesure, de la raison de l'homme et de sa libre action, procédez comme la nature, selon ses invariables lois, et le monde social offrira le même aspect d'ordre, la même beauté, la même harmonie que le monde inférieur.

Oui, sans doute, il doit exister une grande puissance de conservation dans la société, car se conserver, c'est vivre; mais certaines conditions de sa vie changeant d'âge en âge, lutter contre ces changements nécessaires, se consumer en stériles efforts pour conserver ce qui, devenu, par le cours du temps, un obstacle au développement naturel du corps social, est aussi par là même un obstacle à sa vie, c'est en réalité une œuvre de destruction, un travail de mort.

Or, pour peu que l'on considère attentivement la société, on reconnoît qu'elle implique deux choses, des nécessités inhérentes à son essence même, d'invariables conditions d'être, sans lesquelles on ne sauroit la concevoir existante, et des conditions secondaires qui se résument en des formes variables d'organisation, formes variables à cause de leur imperfection péniblement sentie tôt ou tard, et qui dès-lors aussi tôt ou tard en provoque la réforme; et le mal aperçu auquel on veut remédier se présente constamment comme une violation du droit ou comme une injustice, dont le caractère général est la prédominance des intérêts de quelques-uns sur les intérêts de tous, la répartition abusive des charges de l'association et de ses bénéfices, au profit de certaines classes privilégiées.

Or, en tous pays, à toutes les époques, ces classes privilégiées, jalouses des avantages qu'elles possédoient, attentives même à les étendre lorsqu'elles croyoient le pouvoir, se sont efforcées, par égoïsme, par orgueil et cupidité, quelquefois aussi par une fausse idée de devoir et d'honneur, de s'en assurer indéfiniment la jouissance : c'est-à-dire qu'elles se sont constituées en guerre permanente avec la masse du peuple déshérité, opprimé par elles. Toutes les pages de l'histoire en fournissent quelque exemple : telle fut à Rome la lutte des plébéïens et des patriciens, parmi nous celles des communes naissantes contre la féodalité, et, encore maintenant, sous les nuages qui l'enveloppent à demi, il n'y a point d'autre question. Oubliez les noms qui ne sont rien, regardez les choses, les *conservateurs* d'aujourd'hui sont les patriciens de Rome, les seigneurs féodaux du moyen-âge. Comme eux ils combattent, non pour les invariables lois de la vie sociale, mais pour des formes variables d'organisation usées par le temps, détruites dans la raison et la conscience publique par les développements successifs de la notion du droit; ils défendent des prérogatives devenues inconciliables, non-seulement avec le progrès de la société, avec la justice telle qu'elle la conçoit, mais avec l'existence même des classes politiquement inférieures, en proie aux misères de toute espèce, et finalement aux convulsions de la faim. Ainsi, ce qu'ils veulent conserver, d'abord appartient à cet ordre de choses passagères à la durée desquelles le progrès social assigne un terme providentiellement déterminé, et de plus blesse directement tous les sentiments d'équité indestructibles dans le cœur de l'homme. Rien donc de plus insensé que ces efforts, et, si l'on ne devoit quelque indulgence aux erreurs même les plus funestes, quand elles peuvent avoir une espèce d'illusion pour excuse, j'ajouterois, rien de plus criminel. Outre l'intérêt qui séduit, la passion qui aveugle, les engagements pris qui entraînent, les conservateurs, comme ils se nomment, ont, s'ils en éprouvent le besoin, un prétexte apparent pour se tranquilliser au-dedans d'eux-mêmes. En effet, ils défendent un certain ordre, l'ordre légal, si aisé à confondre avec l'ordre véritable ; ils défendent les lois existantes ; mais de qui émanent-elles, ces lois ? par qui et pour qui ont-elles été faites? Par eux et pour eux. Alléguer leur simple existence en preuve de leur équité que l'on conteste, évidemment ce n'est pas répondre. Il en faut donc toujours revenir au seul point décisif : ce qui est, est-il juste? ce qui est, doit-il, peut-il subsister?

Or, ces deux questions, traduites dans le langage plus net et plus pressant des faits, se réduisent à celles-ci :

Est-il juste que quelques membres de la communauté en absorbent aux dépens des autres les avantages réels, s'attribuent des droits qu'ils refusent au reste des citoyens repoussés ainsi dans un véritable servage, et, à l'aide de ces droits exclusivement possédés par eux, concentrent dans leurs mains le monopole de la puissance et de la richesse?

La masse du peuple, exclue de tout droit politique, privée de toute influence légale dans la décision des affaires communes et de celles qui l'intéressent le plus immédiatement, doit-elle, peut-elle à jamais demeurer dans cet état d'abaissement et de souffrance, supporter à jamais, presque seule, les charges de la société, sans autre compensation qu'un travail toujours plus rude et toujours plus stérile, une misère sans cesse croissante, et la nudité et la faim?

Que si tous les sentiments d'humanité et d'équité se révoltent contre un pareil partage des biens et des maux de la vie ; que s'il est désormais impossible, qu'un désordre aussi profond subsiste longtemps, ceux dont tous les efforts tendent à le prolonger, à l'éterniser, s'ils le pouvoient, loin d'exercer une action conservatrice, préparent au contraire des commotions terribles, en opposant aux réformes devenues nécessaires une résistance tellement opiniâtre qu'elle ne pourroit être surmontée que par un ébranlement universel.

Le peuple, qui réclame ces réformes indispensables, et qui, ferme sans doute, mais calme et sage, parce qu'il a pour guide un sûr instinct de justice et d'ordre, voudroit qu'elles s'accomplissent pacifiquement par des voies légales, est donc le vrai conservateur. Il défend contre eux-mêmes, contre les funestes conséquences de leurs passions insensées, ses propres adversaires, et son œuvre est l'œuvre de Dieu.

Sous un autre point de vue, lui seul encore est constamment le véritable conservateur de la société, quelle qu'en soit la forme. En effet, on a vu qu'outre les conditions secondaires qui se résument en des formes variables d'organisation, la société impliquoit d'invariables conditions d'être, des nécessités inhérentes à son essence même. Ces nécessités sont de deux ordres, nécessités physiques, nécessités morales. Les premières se résolvent dans la production de toutes les choses indispensables à l'entretien de la vie corporelle, et cette production a deux sources, l'agriculture et l'industrie. Or, qui donne l'existence à l'agriculture et à l'industrie, qui les féconde sinon le travail du peuple? C'est sa main qui creuse le sillon où germe le grain qui vous nourrit, sa main qui fabrique vos vêtements, qui bâtit vos commodes demeures, qui fournit aux besoins de votre subsistance et de votre luxe. Que, pendant quelques mois seulement, ce travail s'arrêtât, la société seroit frappée de mort. Le véritable conservateur, sous ce rapport essentiel, c'est donc le peuple, uniquement le peuple. Et, remarquez-le bien, qu'est-ce que l'ensemble de ces productions que la société lui doit, si ce n'est le fonds de la richesse publique? Et que demande le peuple, si ce n'est une juste part dans ces productions, dans cette richesse, fruit de ses fatigues et de ses sueurs? Que demande-t-il, si ce n'est que, vivant de lui et par lui, vous lui permettiez aussi de vivre? Est-ce trop demander?

Les nécessités morales d'où dépend l'existence de la société embrassent tout ce que les hommes ont compris sous le nom de devoirs, la justice et la charité, avec les croyances religieuses qui en sont à la fois la base et la sanction. Or, à quelque degré que le peuple, séduit par l'exemple contagieux des classes privilégiées, ait pu être corrompu par elles, il l'est en masse toujours moins qu'elles ; c'est par lui que se perpétue la pure tradition des idées et des sentiments qui forment le véritable lien social ; c'est en lui que subsiste impérissable l'essentielle notion du juste et de l'injuste, en lui que l'humanité, la pitié, l'instinct vital du bien, la conscience enfin trouve un dernier asile. A cet égard encore, le peuple est donc le vrai conservateur de la société.

Et ce n'est pas que l'homme du peuple, individuellement considéré, soit meilleur en soi, plus exempt de la foiblesse commune, intérieurement mieux affermi contre les périlleuses tentations du mal sous toutes ses formes. Non, foible autant que tout autre, il porte en son sein le germe des mêmes passions, et ne cède pas moins facilement aux penchants mauvais qui l'entrainent. Mettez le pauvre à la place du riche, rarement il vaudra mieux et souvent il sera pire, parce qu'il arrivera moins préparé à son nouvel état. La différence entre eux n'est point une différence de nature, mais de position. La misère même du pauvre écarte de lui une multitude de tentations qui perpétuellement assiégent le riche, poussé sur une pente dangereuse par l'ennui qu'engendre l'oisiveté. Celui qui, au contraire, songe avec inquiétude en se levant le matin comment il vivra, lui et sa famille pendant la journée, ne sauroit guère étendre ses désirs en dehors de ce cercle étroit et fatal qu'une dure nécessité trace autour de lui ; tandis que ses besoins mêmes, si pressants et si pleins d'angoisses, ouvrent naturellement son cœur à la commisération des mêmes besoins et des mêmes angoisses dans autrui. *Non ignara mali*, comme dit le poète.

Une cause plus générale et plus puissante fait du peuple en masse le conservateur naturel des lois premières de l'humanité, qui constituent l'ordre moral. Car leur violation ne profite jamais qu'à un nombre comparativement très-petit d'individus et nuit à tous les autres. Evidemment la nation entière ne sauroit exploiter, opprimer la nation entière. Le mal, sous ce rapport, ne peut être ni opéré, ni voulu par elle ; il est toujours l'œuvre exclusive de l'intérêt individuel. L'interêt commun, l'intérêt du peuple nécessairement se confond avec la justice, l'équité, le droit ; jamais on n'en transgresse les prescriptions qu'à son détriment. A qui profitent les priviléges, les exactions, les monopoles, si ce n'est à quelques-uns seulement ? Qui en souffre, si ce n'est la masse des citoyens, c'est-à-dire le peuple ? Et quand il souffre, que demande-t-il, que peut-il demander ? droit et justice, pas autre chose : car, hors de là, il demanderoit à s'exploiter lui-même, à s'opprimer lui-même, il demanderoit une extravagante contradiction. Si la justice et le droit sont la base essentielle de toute association humaine, le peuple est donc le véritable conservateur de la société.

Et c'est pourquoi, lorsque l'oubli des plus saintes lois de la justice et des plus simples notions du droit semble être devenu, par une suite de la corruption politique et de l'égoïsme d'où elle sort, le caractère d'une de ces époques malheureuses, où tous les désirs élevés, tous les nobles instincts de l'homme, toutes ses sympathies généreuses, viennent s'éteindre dans la base convoitise de l'or et l'amour effréné des jouissances ; lorsque la vie est près de tarir dans la société séparée de sa source divine, nul autre moyen de salut que de remonter jusqu'au peuple, au sein duquel s'est retirée l'énergie vitale, que de ranimer par lui l'esprit de justice et de charité, le sentiment du devoir, du sévère devoir, et de rendre ainsi à l'institution sociale usée et mourante la vigueur qu'elle a perdue. Car le peuple ne conserve pas seulement la tradition morale, le texte de la loi ; il en perpétue aussi la pratique. Qu'est-ce que son existence tout entière , qu'une suite continue de dévouements et de sacrifices? Il travaille pour autrui dans les champs et les ateliers, il meurt pour autrui à la frontière; il fait vraiment en tout l'office de rédempteur. Réfléchissez en vous-même et cherchez comment subsiste cette immense foule d'indigents qui pullulent dans les Etats modernes : est-ce à l'aumône des riches qu'ils doivent le pain de chaque jour? Non; ceux-ci voulussent-ils subvenir à tant de besoins, ils ne le pourroient pas. C'est le pauvre qui nourrit le pauvre : il sait, lui, ce que c'est que la faim; et pour la soulager, sa misère est plus puissante, plus féconde que l'opulence même, tant il y a de richesse dans l'amour! Rarement l'enfant du peuple est abandonné, rarement il demeure orphelin : près de lui, quasi toujours, se trouve un père, une mère que la Providence lui a réservés dans son délaissement. Je vous le dis encore, vous périssez, vous vous débattez dans votre corruption, comme un naufragé dans les flots de la mer; tendez les mains au peuple, et il vous sauvera.

EMPLOI DE LA SESSION.

Dès qu'un état est constitué, ou il l'est mal, ou le pouvoir n'a plus qu'à remplir ses fonctions dans les limites que la loi lui trace, à s'occuper du bien public, de la prospérité générale, des besoins du peuple, des affaires, en un mot, dont le pays lui a confié la direction. On ne sauroit concevoir autrement une société bien ordonnée. Un gouvernement qui ne songeroit qu'à soi, qui, se considérant comme fin et non comme moyen, concentreroit ses vues sur lui-même, absorberoit presque entièrement à son profit l'action législative, administrative et judiciaire même; que seroit-ce ? En quoi différeroit-il, par le fait, du modèle idéal que Louis XIV avoit dans l'esprit, lorsqu'il disoit : *L'état, c'est moi ?* Le nom, la forme, tout cela est vain; c'est le fonds qu'il faut regarder. Lorsqu'une multitude s'organise dans l'unité nationale, elle se donne ou un maître, ou un serviteur; un maître, selon l'idée que l'Evangile réprouve; un serviteur, selon l'idée chrétienne. Mais l'idée chrétienne, quoique impérissable désormais dans la conscience de l'homme, est pratiquement bien loin de nous.

Quand le pouvoir, confessant son impuissance

et sa caducité, vient demander sans cesse qu'on l'étaie comme un édifice qui croule, qu'on ajoute à la force insuffisante qu'il tient de la loi une force nouvelle qui assure et sa durée et son efficacité, que fait-il que remettre en question l'ordre constitutionnel tout entier? Car changer, modifier les conditions du pouvoir, c'est modifier, changer la constitution primitive, c'est par conséquent transformer, contre l'essence des choses et le droit positif, l'assemblée à qui l'on demande ces changements et qui se prête à les accorder, en véritable assemblée constituante; c'est opérer à petit bruit et pièce à pièce une révolution totale dans l'État. Mieux vaudroit procéder plus franchement. Les peuples se laissent quelquefois séduire pour un temps par l'apparence de grandeur qui relève à leurs yeux certaines tentatives audacieuses : la ruse hypocrite les aigrit toujours.

Il est, à notre avis, d'une mauvaise politique pour le pouvoir de trop mettre à découvert sa foiblesse. Chaque aveu de ce genre lui ôte plus qu'aucune loi ne peut lui donner. La loi est une simple armure; elle ne donne ni la vigueur pour la porter, ni l'habileté pour en faire usage; et le pouvoir le plus foible, quels que soient ses moyens matériels de défense, est celui qui est crû le plus foible.

Que sera-ce donc si continuellement, dans la plus profonde paix extérieure et intérieure, il crie à la nation étonnée de ses alarmes : Je me sens menacé, attaqué de toutes parts, et je me déclare, restant ce que je suis, incapable de résister à ces attaques. Venez à mon aide, faites-moi plus fort, si vous voulez que je vive. Puis, dominé par ses terreurs, et montrant du doigt les débris des libertés publiques : Ce que je crains, dit-il, est là-dessous; débarrassez-moi de ces décombres où se cachent ceux qui m'inquiètent. Voilà de quelle manière les agents du pouvoir ont jusqu'à présent compris sa position et ses intérêts; voilà le langage qu'ils mettent dans sa bouche, la voie où ils le poussent imperturbablement.

De là il résulte qu'on ne sait plus s'il existe ou non dans le pays un gouvernement stable, un vrai gouvernement; si tout, institutions et lois, est autre chose en réalité qu'un régime provisoire, un *juste-milieu* entre la complète absence de l'ordre et un ordre futur qui ait des garanties de durée. Rien d'aussi pénible pour une nation qu'un pareil doute; il y détruit toute confiance, toute sécurité. Chaque jour on lit le bulletin de l'état du malade, ignorant si le lendemain on ne sera pas convoqué pour assister à son convoi. Etrange misère que celle d'un peuple à qui l'avenir enveloppé de deuil n'offre que l'appareil de quelques grandes funérailles!

Nuls complots ne sauroient susciter au pouvoir, à beaucoup près, autant de dangers que ne lui en créent ses propres conseils. Exclusivement occupé de soi, de sa conservation, de son extension, de ses intérêts de toute nature, il faut que devant eux tout s'efface, tout disparoisse, que le pays, s'oubliant lui-même, n'ait qu'une seule pensée, calmer ses craintes, satisfaire ses désirs. Voyez, en effet, quel doit être l'emploi de la session actuelle, quelles sont les lois présentées aux chambres, quel en est le caractère et le but.

Loi municipale, combinée de manière à rendre purement fictive toute administration locale, et à centraliser de plus en plus, sous la main du pouvoir, les intérêts des communes, à qui l'on interdit jusqu'à la faculté de se défendre contre des attaques judiciaires, et dont les maires ne seront désormais, suivant la juste expression de M. Odilon Barrot, que *des mannequins affublés d'une écharpe tricolore.*

Loi sur les caisses d'épargne, destinée, dit M. Thiers, à créer une maison de spéculation près du gouvernement.

Loi sur la garde nationale, destructive de l'esprit qui fait la vie de cette grande institution, transformée en une sorte de succursale de l'armée, et, comme elle, instrument passif désormais entre les mains du pouvoir, qui, en rendant le service obligatoire pour certaines classes de citoyens, en exclut d'autres classes suspectes à ses yeux, loi hérissée d'ailleurs de précautions défiantes, de peines sévères, et qui, de plus, impose à la population peu aisée de Paris une dépense de 100 millions.

Loi de disjonction, qui, outre sa flagrante immoralité, ne pouvoit avoir d'autre conséquence que de séparer totalement l'armée du reste du peuple, d'éteindre en elle tous les sentiments qui tendent à l'unir à la nation, afin de s'en faire au besoin un appui contre elle, d'organiser enfin, sous l'empire d'une législation spéciale et d'une discipline inexorable, un corps de quatre cent mille prétoriens.

Loi de déportation, pour ramener sous un un autre nom, la mort et pis que la mort, dans les pénalités politiques, afin de tranquiliser le pouvoir en intimidant ses ennemis et ceux que ses frayeurs lui persuadent être ses ennemis.

Loi de non révélation, exhumée de la Rome des premiers Césars, immonde débris de cette époque infâme de lâche tyrannie et de plus lâches délations, vieux cadavre sur lequel Richelieu, dans le délire de sa haine et l'enivrement de sa puissance, souffla, sans pouvoir le ranimer.

Loi d'apanage de quarante millions, loi de

dotation d'un million, en faveur de deux membres de la maison régnante, riche de sa fortune propre, de l'énorme succession du prince de Condé, du revenu des domaines royaux et d'une liste civile de treize millions annuellement payés par la France.

N'y avoit-il donc que de pareilles lois à présenter aux députés de la nation? Elle aussi n'a-t-elle pas et de justes désirs et de pressants besoins? N'a-t-elle pas le droit de s'étonner qu'on s'occupe tant de soi et si peu d'elle? et n'appréhende-t-on point qu'en voyant la part qu'on lui fait elle ne s'interroge sur l'équité d'un semblable partage. En tout ceci quel est son rôle? Donner, donner sans cesse et ne recevoir jamais. Sacrifices de libertés, sacrifices de morale et d'humanité, sacrifices publics et domestiques, sacrifices d'hommes, sacrifices d'argent : voilà ce qu'on lui demande, au nom de la sécurité du pouvoir, de ses intérêts propres et de ses jouissances personnelles. Encore un coup, le pouvoir est-il en cela bien conseillé? Sait-il où le conduisent par cette voie ses flatteurs responsables?

Il y a des temps de vertige et de fascination. Après tout, qu'importe aux peuples? eux ne meurent point.

LAISSEZ PASSER LA JUSTICE DE DIEU.

Il y eut, dans la haute antiquité, de grands empires, de puissantes monarchies dont une obscure mémoire est venue jusqu'à nous à travers les âges. Elles s'étoient affermies sur l'unique base de tout ce qui dure, la religion et la justice. Puis, les passions survinrent, la religion se corrompit, la foi et l'amour s'évanouirent, le pouvoir, enivré de lui-même et ne connoissant plus de lois que ses caprices, foula aux pieds l'équité sainte, le droit, l'humanité, opprima les peuples et les dégrada par ses exemples contagieux, par l'abrutissement de la misère. Alors Dieu dit au temps : Cette dérision de la société pour laquelle j'ai fait l'homme m'est en abomination ; hâte-toi d'en purger la terre : et le temps emporta, comme une feuille sèche, ces grandes monarchies, ces puissants empires. *Laissez passer la justice de Dieu.*

D'autres empires, d'autres monarchies, des multitudes d'états constitués sous des formes diverses de gouvernement, apparurent ensuite dans le monde, et toujours on vit la religion et la justice, assises près de leur berceau, souffler sur eux l'esprit de vie, les fortifier par l'exercice des vertus sévères. L'amour de la patrie, dominant dans l'âme des citoyens l'amour de soi, enfante les actions héroïques les dévouements, les sacrifices, d'où naissent, aux époques tranquilles, la prospérité commune, et le salut aux jours du danger. Mais ce bel ordre s'altère peu-à-peu. Les chefs de la société commencent à se faire des intérêts distincts des siens à ne regarder le pouvoir que comme un moyen d'assouvir leurs convoitises sans cesse croissantes, ils substituent la force au droit : les mœurs publiques et privées se dépravent, on se rit des devoirs, l'égoïsme envahit les cœurs, en chasse l'un après l'autre tous les sentiments d'équité, d'humanité ; chacun ne songe qu'à jouir, peu lui importe aux dépens de qui ; les peuples sont une proie qu'on dévore. L'Asie occidentale et l'Europe presque entière en étoient là, aux temps où se formoit la puissance de Rome, sous l'influence des lois morales, des saintes maximes tombées dans le mépris des autres nations. Le fleuve incessamment se grossissoit des eaux qu'épanchoit cette source immortelle. Enfin, surmontant ses rives, au moment fixé dans les desseins suprêmes, il déborde sur les contrées qu'infectoient de leur corruption des races dégénérées ; républiques, royaumes, rien n'est épargné, il renverse tout, il entraîne tout. *Laissez passer la justice de Dieu.*

Les victoires mêmes de Rome gorgée des richesses de l'univers, y développent les germes de tous les vices. La cupidité, l'ambition, la fureur du luxe et des voluptés, s'emparent des âmes. La religion et les lois ont perdu leur empire. Les mots de patrie, de liberté, d'humanité, n'offrent plus de sens. La raison troublée ne sait à quoi se prendre dans la ruine des vieilles croyances et la confusion des idées nouvelles. Des désirs inouïs, monstrueux, montent des abîmes du cœur. On se dispute le pouvoir à main armée, pour un but, non de félicité publique, mais de jouissances personnelles. Au-dedans les proscriptions, des fêtes dissolues, des orgies sanglantes; au-dehors, dans les provinces abandonnées à la rapacité des proconsuls, l'extrême de la tyrannie et l'extrême de la servitude. Enfin cet immense désordre se concentre en un seul être vivant qu'on nomme empereur, effrayant météore devant qui les hommes se prosternent, astre sinistre d'où le mal rayonne en tous sens. Que va devenir le monde? Une voix partie de la Judée lui annonce sa délivrance; le Juste meurt pour le sauver. Sa parole, recueillie dans des cœurs purs, y germe et s'y développe, et devient peu-à-peu cet arbre promis qui devoit couvrir de son ombre les nations régénérées. Alors, des profondeurs du nord et de l'orient accourent des peuples inconnus que la Providence y tenoit en réserve pour accomplir son œuvre. Poussés par une invisible main, ils ouvrent de larges brèches dans les remparts de l'Empire, et puis, s'y précipitant à la suite l'un de l'autre, ils ne cessent, pendant trois siècles, de le traverser en toutes directions, de le labourer comme un champ stérile que la charrue sillonne profondément pour le féconder, et où, de distance en distance, on aperçoit la fumée rougeâtre qui sort des amas de plantes malfaisantes livrées au feu, pour en détruire jusqu'à la semence. Telle fut ce qu'on appelle l'invasion des Barbares. Le glaive ne s'arrêta qu'après être parvenu, toujours sanglant, des bords de la Baltique à la Méditerranée, des rives du Volga aux côtes de la Manche et de l'Océan. *Laissez passer la justice de Dieu.*

Cependant le chistianisme s'étoit étendu, et avec lui l'esprit qui devoit, en purifiant l'homme moral et en l'élevant, l'éclairer sur sa dignité, et produire peu-à-peu la liberté civile et politique, conséquence rigoureuse de l'égalité de droits, fondée elle-même sur l'égalité d'origine et de nature. Les nations modernes apparoissent, formées du mélange des races conquises et des races conquérantes. La France, par sa position, en est comme le centre, et dès sa naissance elle semble marquée d'un signe à part.

mystérieuse annonce de ses hautes destinées futures. Des rois guerriers la régissent d'abord, mais avec le concours du peuple, nécessaire pour donner force aux lois, ainsi qu'à l'autorité du chef chargé de leur exécution. Le trône alors est électif, mais, en vertu de la coutume, dans une même famille. Cette famille s'endort au sein de l'oisiveté, elle ne gouverne plus pour le peuple, elle règne pour elle-même. Son temps est fini, elle est jugée, et une autre famille lui succède. Après d'immenses et glorieux travaux, celle-ci à son tour décline dans ses voies ; elle a perdu le sentiment de ses devoirs et de sa mission, gisante, pour ainsi dire, en travers du chemin où la nation veut et doit marcher, elle est devenue pour elle un obstacle : son temps est fini, elle est jugée, et une autre famille lui succède. Ainsi, malgré le titre puissant de la conquête uni dans les fils de Clovis au titre plus ancien d'une royale origine ; malgré l'immense gloire et la force immense laissées par Charlemagne en héritage à ses enfants, deux dynasties sont emportées. Infidèles au peuple dont elles devoient seconder les destinées, leur sentence leur fut prononcée d'en haut : *Laissez passer la justice de Dieu.*

A partir de ce moment, la France s'organise sous l'influence du principe féodal conçu, dans son essence, comme un système de protection et de secours mutuel, le foible s'appuyant sur un plus fort, obligé de lui prêter assistance en échange du service qu'il recevoit de lui ; et cela en remontant, par une série non-interrompue, jusqu'au plus fort de tous, jusqu'au prince. Mais une partie de la population, sans libertés, sans droits reconnus, attachée à la glèbe comme un vil bétail, restoit en dehors de cette chaîne, dont les anneaux se choquant entre eux ne tardèrent pas à se briser les uns les autres. L'ordre qu'on avoit espéré se changea bientôt en une anarchie profonde, universelle. Pendant ce temps là, deux choses se passèrent. La puissance royale s'agrandit en intervenant dans les querelles de ses vassaux, qu'elle parvint peu-à-peu à soumettre à son tribunal, et que peu-à-peu elle dépouilla de leurs prérogatives. Le progrès du commerce et de l'industrie ayant augmenté la population des villes, il se forma comme un nouvel élément dans l'état, la bourgeoisie. Celle-ci, sentant sa force, sentit aussi ses droits et voulut en jouir. De là l'affranchissement successif des communes, fruit de tant de combats et de labeur. Cependant, le pouvoir royal croissoit toujours, en absorbant toujours les priviléges, d'abord des grands barons, puis de toute la noblesse féodale. Longtemps elle résista, mais vainement. Richelieu lui porta les derniers coups. Son ancienne puissance politique, transformée en distinctions de cour, vint expirer sous Louis XIV, dans les antichambres de Versailles. Il n'en resta que ce qui pesoit sur le peuple sans gêner le monarque. L'autorité de celle-ci s'étant à-la-fois étendue de tous les côtés, il n'étoit plus question des vieilles chartes des communes ni de leurs libertés si péniblement conquises. Tous les droits s'engloutirent dans le pouvoir absolu d'un seul. Aussitôt commença, dans les profondeurs de ce despotisme contre nature, un ténébreux travail de dissolution religieuse, morale, politique. Les vieilles institutions n'étoient plus que le fantôme d'elles-mêmes. Ce qui restoit de vie s'étoit retiré au sein du peuple. Eclairé de la lumière dont les premiers rayons, perçant les épaisses vapeurs amassées sur la société, apparoissoient à l'horizon comme l'aurore encore incertaine du grand avenir que la Providence préparoit au monde, il se demande ce qu'il est, ce qu'il doit être, et soudain, se levant, il dit à son tour : *l'État c'est moi ;* et devant lui s'ouvre une ère nouvelle, l'ère de l'égalité, de la liberté, de la fraternité humaine, l'ère des peuples. Lois oppressives, distinctions iniques, prérogatives de races et de corporations, coutumes surannées et barbares, et le trône et les autels mêmes profanés, tout chancelle, tout tombe, tout est balayé, comme en un jour de tempête la mer balaie les débris rongés par les vers d'un vaisseau abandonné sur ses rivages. *Laissez passer la justice de Dieu.*

Une ferme foi en ses destinées, de magnifiques et douces espérances remplissoient le cœur du peuple. On se met à l'œuvre pour reconstruire, sur les éternelles bases du droit et de l'équité, l'édifice social. Il s'élevoit rapidement et comme de lui-même, présentant aux regards des formes merveilleuses de simplicité et de grandeur. Peu de temps encore, et il s'achevoit. Mais voilà que la vieille société, se soulevant de sa tombe, se résout à tenter un dernier effort. Il faut combattre, et dans le combat où l'héroïsme de la liberté donne au monde des exemples inouïs de dévouement et de constance, il se passa des choses sans nom sur lesquelles l'humanité doit jeter un voile, comme Dieu même a voilé les mystères terribles de la mort. Le cours de la révolution en fut troublé. Au-dedans et au-dehors les guerres succédèrent aux guerres. L'enthousiasme s'affoiblit, les questions se compliquèrent, l'intérêt personnel si prompt à renaître et les dissidences d'opinions atténuèrent dans les âmes le saint amour de la patrie. On dévia des voies primitives. Un soldat de génie ourdit avec la gloire un funeste complot contre le peuple.

Il fit tout ce que font ceux qui veulent régner ; il s'entoura d'hommes inféodés à sa fortune par des distinctions a-la-fois utiles et honorifiques : il créa de nouvelles classes privilégiées. L'égalité, la liberté, traitées de rêveries dangereuses, succombèrent sous les coups du soldat couronné. Il se flattoit dans son orgueil de vaincre l'avenir de l'humanité. Mais le droit, tôt ou tard, reprend son empire, et il y a des lois immortelles qu'on ne viole jamais impunément. Qu'est-ce que ce vaisseau qui traverse silencieux les flots de l'Atlantique ? Où va-t-il ? Que porte-t-il ? *Laissez passer la justice de Dieu.*

Après une journée brûlante, sur le soir, on voit quelquefois partir du couchant chargé de nuages une lueur d'un vif éclat et d'une teinte étrange, dernier adieu de l'astre qui va descendre sous l'horison : telle apparut l'ancienne monarchie restaurée par l'Europe absolutiste. Impuissante à ressusciter le passé qu'elle représentoit, elle proposa un pacte au présent ; elle lui demanda de sa vie, pour ranimer le squelette que venoit d'exhumer la diplomatie royale. Le pacte fut conclu, et de part et d'autre avec bonne foi, car nul n'en prévoyoit les conséquences inévitables, et chacun aspiroit au repos. Un double principe, un double intérêt, inconciliables entre eux, furent introduits ensemble dans la constitution de l'état. Il falloit bien qu'en se développant ils en vinssent, et bientôt, à se reconnoître pour ennemis. De là, défiance et haine mutuelle, de là, une lutte interminable, jusqu'à ce que l'un de ces deux principes eût irrévocablement vaincu. Les choses et les hommes du passé erroient comme des ombres, mais des ombres menaçantes, dans la société nouvelle: elle s'effrayoit de voir les tombeaux se rouvrir, les vieux morts se remuer et traîner leurs suaires au milieu d'elle. Cependant la restauration, contrainte pour se conserver de maintenir ce qu'elle appeloit son droit, envahissoit chaque jour les droits mêmes qu'elle avoit forcément reconnus à la nation. L'égalité, la liberté, déclarées séditieuses, subissoient avec la doctrine *impie* de la souveraineté nationale une inexorable proscription. On reconstruisit, par les lois et par tous les moyens dont le pouvoir dispose, l'édifice que la mousse recouvroit depuis un demi-siècle. Les priviléges, renaissant de toutes parts, repoussoient dédaigneusement le peuple dans son outrageux abaissement, dans sa nullité politique et dans sa misère. Pour lui nulle espérance d'une condition meilleure, nul progrès pour la société éternellement passive sous la main de ses maîtres. Mais la Providence, que n'enchaînent point la volonté des rois, en avoit autrement décidé dans ses immuables conseils. Elle souffle au cœur du peuple une de ces soudaines résolutions qui changent en un moment la face des choses. L'œuvre de quatorze années est détruite en trois jours. On avoit muré la route de l'avenir, elle se rouvre, et sur celle du passé on aperçoit trois générations de rois s'éloigner tristement et disparoître dans la solitude. *Laissez passer la justice de Dieu.*

Les destinées du genre humain sont des destinées laborieuses : toujours il y a quelques obstacles à vaincre, quelque résistance à surmonter. Il n'avance qu'en luttant, mais aussi nulle puissance ne sauroit l'arrêter. Plus ceux qui le tentent se croient assurés du succès, plus ils sont près de leur défaite. Lorsque déjà leurs lèvres murmurent les premiers sons de leur chant de triomphe, une voix part d'en haut qui dit aux peuples opprimés, aux nations souffrantes : LAISSEZ PASSER LA JUSTICE DE DIEU.

DE LA FRATERNITÉ HUMAINE.

S'il n'existoit qu'un homme sur la terre, aucun des maux de l'ordre moral que la religion tend à prévenir, ou auxquels elle s'efforce de remédier, aucun des désordres que les lois répriment ne troubleroient l'harmonie de l'œuvre de Dieu. Ces désordres et ces maux ne sont en réalité qu'une violation du devoir, ou la violation des rapports naturels entre les hommes. Que tous les hommes donc fussent si parfaitement unis, qu'ils ne formassent, pour ainsi parler, qu'un seul être moral, un seul homme, le mal disparoitroit du monde. Or, cette union parfaite dont la destruction du mal seroit la conséquence, et qui dès-lors est ici-bas le but providentiel de l'humanité, quel en est le lien? qui l'opère? si ce n'est l'amour, l'amour de Dieu, source éternelle du bien, dans son unité infinie, et l'amour de ceux qu'à chacun de nous il a donné pour frères. Aussi, selon la parole évangélique également profonde et consolante, aimer c'est accomplir la loi, et ce précepte résume tous les autres.

Quel plus doux nom que celui de frère! Il exprime, il renferme en soi le divin mystère de l'amour, qui fait que tout ensemble on est plusieurs et l'on n'est qu'un, que d'innombrables vies ne forment qu'une vie, que des êtres à jamais distincts, s'entrelaçant par leurs racines dans les profondeurs de l'Être éternel, s'y touchent par tous les points, s'y sentent l'un dans l'autre, parce qu'au sein de cette immense Unité tout est un.

Quand le christianisme naquit, il y avoit des nations, des peuples, des races, le plus souvent ennemies entre elles; il y avoit des individus séparés par les intérêts, concentrés en soi par l'égoïsme; il y avoit des maîtres et des esclaves, des classes dominatrices et une plèbe asservie: nul ne se représentoit le genre humain comme une grande famille. Partout régnoit le principe du mal, le principe qui divise. *Chacun chez soi, et chacun pour soi*, telle étoit la fatale maxime, la loi infernale qui régloit en pratique les mœurs du peuple et la politique des gouvernements. La parole de Jésus promulguant, en opposition à cette exécrable loi de Satan *père du meurtre*, la loi de fraternité, la loi de vie, fut donc vraiment *la bonne nouvelle du salut* pour le monde. Aussi, avec quelle force cette puissante et suave parole retentit-elle au fond de la conscience humaine! Quel ressort et quelle énergie elle lui rendit soudain! Les pauvres, les foibles, les opprimés, le peuple enfin, toujours plus accessible que ses maîtres au vrai et au bien, fut le premier à la comprendre. Le premier, il eut le sentiment de la dignité de l'homme et de ses devoirs ; et lorsque, remontant jusqu'à Dieu, il eut retrouvé en lui la lumière qui manquoit à son intelligence, le moyen d'union et le point d'appui qui manquoit à sa force, il fallut que grands, princes, rois, empereurs, tout cédât et reconnût l'empire de la loi chrétienne.

Sans doute elle fut bien loin de produire d'abord tous ses fruits ; sans doute les passions la violèrent, l'égoïsme qu'elle combat réagit contre elle, l'obscurcit à l'aide du sophisme, la corrompit, la dénatura pratiquement ; sans doute on en est venu jusqu'à la nier au nom de son auteur : mais, je le demande, malgré ces innombrables transgressions et ces prévarications solennelles, y eut-il, depuis dix-huit siècles, une époque où elle fût plus vivante, plus identifiée avec la conscience et la raison de l'homme ? Le Christ, près de mourir, disoit : « Mon règne n'est pas *maintenant* de ce « monde : » eh bien, les temps sont venus où son règne sera de ce monde, où le genre humain s'organisera au nom de son libérateur, d'après le principe vital et désormais incontesté de la fraternité universelle.

Elle fut, par un admirable instinct, proclamée

en tête des lois, quand la vraie société, enfouie sous les ruines des idées et des mœurs chrétiennes, se dégagea de ces décombres. On sentit qu'on ne pouvoit sans elle rien constituer de durable, qu'à elle seule il étoit donné de réaliser le grand avenir auquel l'humanité aspire invinciblement. L'égalité n'est qu'un simple fait, le fait d'identité d'origine et de nature; la liberté exprime le droit, la fraternité représente le devoir. Or, si le droit conserve dans l'intégrité de son être chaque individu pris à part, le devoir unit entre eux les individus que le droit seul laisseroit isolés, qu'il établiroit en un état d'hostilité mutuelle permanent. Il tient le regard de chacun fixé sur soi avec complaisance, et avec une défiante inquiétude sur autrui. Evidemment la liberté n'impose aucun dévouement, ne commande aucun sacrifice. Impuissante dès-lors à résoudre par elle-même aucun des problèmes de l'ordre futur, si impatiemment attendu des peuples, elle est certes nécessaire à sa réalisation, mais elle ne sauroit l'opérer par son action propre et directe. Elle détruit les obstacles qu'apporte l'égoïsme à la circulation de la vie, et, sous cet important rapport, on doit, sans hésiter, combattre et mourir pour elle. Mais elle n'est point la vie; la vie c'est l'amour, l'énergie sympathique, qui, ramenant les individus à l'unité, fait qu'ils se pénètrent pour ainsi dire et se confondent en un seul être : la vie c'est la fraternité. Quand les hommes, s'aimant d'un amour de frères, se traiteront réellement et s'aideront en frères, alors, uniquement alors, disparoîtront les maux qui pèsent sur la race humaine; alors, uniquement alors, les mœurs et les lois concourant au même but, la société, au lieu d'être une arène où des intérêts exclusifs luttent avec fureur, offrira le spectacle d'une famille où nul ne connoît d'intérêt que l'intérêt de tous : alors, uniquement alors, s'accomplira de soi-même ce que tenteroit en vain d'effectuer une contrainte violente. Et voyez, ce n'est pas seulement au sein de chaque peuple que la fraternité, devenue pratiquement la loi interne de l'homme et la loi extérieure de la société, opérera cette union sainte; elle doit, selon les desseins de Dieu, l'opérer encore entre les peuples, destinés, eux aussi, à ne former un jour qu'une grande famille, la famille universelle du genre humain. Jour pressenti dès l'origine, jour salué de loin par tous les prophètes de l'avenir, et dont les fils d'Adam ne cessent de chercher le signe précurseur dans l'Orient mystérieux des âges, quand luira-t-il enfin sur la terre ? Nous l'ignorons. Toutefois, les temps approchent, on n'en sauroit douter. Déjà les nations chrétiennes, se dégageant des langes de l'antique barbarie où l'on s'efforce en vain de les retenir, appellent de tous leurs vœux une législation fondée sur le principe de la fraternité humaine, incapables désormais d'en supporter une autre ; et les peuples eux-mêmes commencent partout à se reconnoître pour frères. La force brutale, dirigée par l'intérêt individuel, s'oppose seule à ce développement providentiel de la société. Mais, que peut la force brutale contre la nature de l'homme, contre Dieu et ses lois ? Quelques insensés, que pousse et trompe un instinct mauvais, voyant le flot monter, se sont dit : nous l'arrêterons à cet endroit du rivage, et les voilà qui se hâtent, qui se fatiguent pour emprisonner l'Océan dans un rempart de sable que la première lame balaie en se jouant.

Ne l'oublions pas néanmoins, chacun de nous a son devoir, un grand et sacré devoir qu'il lui est ordonné d'accomplir, au milieu de ce mouvement universel de l'humanité vers le terme qu'elle doit atteindre. Que seroit-ce en effet que la fraternité, qu'une vide maxime, un mot stérile et vain, si, dans notre sphère personnelle d'action, nous ne tendions pas sans cesse à la réaliser effectivement, si, du fond de notre cœur, l'amour fraternel ne s'épandoit comme une effusion de vie autour de nous, sur ceux qui pleurent, et languissent, et souffrent, sur le vieillard délaissé, sur l'enfant dont les pauvres petits membres, amaigris par la faim, tremblottent de froid au coin de la rue, sur son père, à qui le travail manque, sur sa mère, en qui tout est épuisé, et les larmes même. Et, retenez-le bien, ce n'est pas simplement le superflu de son luxe que le frère doit au frère; ce n'est pas l'aumône humiliante que le riche dédaigneux laisse tomber dans la main du pauvre; il lui doit tout ce que se doivent ceux qui, sortis du même sein, ont dormi dans le même berceau, ont été allaités par les mêmes mamelles; il lui doit, non-seulement les secours matériels, mais les soins affectueux, et la tendre compassion, et les suaves paroles qui guérissent les blessures de l'âme, ou au moins appaisent ses douleurs. Quand la fraternité sera dans vos cœurs, elle ne tardera guère à s'introduire dans vos lois. Si celles-ci sont maintenant si dures, si impitoyables, n'est-ce point que vous-mêmes vous êtes sans pitié? Les maximes de miséricorde, les préceptes d'humanité, viennent mourir stérilement dans l'oreille des hommes, parce qu'elles y arrivent après s'être flétries en passant sur des lèvres que l'égoïsme a desséchées. Voulez-vous renouveler la face de la terre, renouvelez-vous intérieurement. Dilatez vos entrailles; qu'elles deviennent un sanctuaire d'amour, et le monde bientôt sera régénéré.

ALLOCATION DES FONDS SECRETS.

La loi sur les télégraphes, loi de pur monopole à ajouter à tant d'autres, a passé sans discussion. Les immenses avantages que la société pourroit recueillir de ce mode de communication si rapide ont été sacrifiés pour rassurer le pouvoir, qui, dans chaque parole, soupçonne un complot, et craint une attaque dans chaque mouvement. La confiscation, abolie par la Charte en ce qui touche les biens des individus, est, aux dépens du peuple entier, conservée comme mesure préventive, à l'égard des plus utiles et des plus fécondes inventions de l'esprit humain.

La loi sur l'instruction secondaire, entachée du même vice, passera également, sans aucun doute. Selon les promesses de la Charte, elle auroit dû n'être qu'une organisation de la liberté d'enseignement, et l'un de ses effets sera d'ôter aux communes, déjà placées par une autre loi dans la dépendance absolue de la haute administration, tout pouvoir réel sur leurs propres colléges, dont les études, réglées d'avance et uniformément pour tous les lieux, ne pourront être nulle part librement modifiées, suivant la diversité des besoins et des convenances, par l'autorité qui représente ceux mêmes pour qui ces établissements sont fondés et qui en supportent les frais.

Puis viendra la loi relative aux fonds secrets. Celle-ci souffrira, s'il est possible, moins de difficultés encore. L'allocation sera, cette année comme toutes les autres, augmentée notablement; car, chaque année, le service secret auquel elle est destinée à pourvoir acquiert plus d'importance et d'étendue. Il y a d'abord la presse gouvernementale à solder : or, ce n'est assurément pas une médiocre tâche que la sienne, chargée qu'elle est de former et réformer l'opinion publique, de changer, presque sur toutes choses, les idées, les convictions, les sentiments de la nation entière, un petit nombre de fonctionnaires exceptés. Quelques centaines de mille francs, est-ce trop pour cela ? Trouveroit-on à moins des entrepreneurs, même quand on procéderoit par soumissions cachetées ? Il y a ensuite à organiser et à payer l'armée secrète des diverses polices. Car, enfin, jusqu'à ce que la presse gouvernementale n'ait accompli son œuvre, que le peuple entier ne soit uni avec le pouvoir dans une touchante communauté de pensées, de vues, de désirs et de sentiments, on conviendra bien de la nécessité de le soumettre à une surveillance rigoureuse. Quelques millions, est-ce trop pour cela ? Trouvez qui s'en charge à moins. On ne sauroit donc sur ce point, qu'admirer les talents économiques du ministère et que louer l'extrême modération des demandes qu'il adresse aux représentants du pays. Mais, dites-vous, comment le savoir avec certitude, puisque l'emploi de la somme allouée n'est soumis à aucun contrôle, qu'aucun compte n'en est rendu à qui que ce soit ? Vous vous trompez gravement. Les ministres rendent un compte secret des dépenses secrètes ; seulement, ils ne le rendent pas à ceux qui paient. Quoi de plus raisonnable ? Lorsqu'ils ont payé, est-ce que tout pour eux naturellement n'est pas fini ?

C'est pourtant une chose singulière qu'une nation divisée comme en deux parties, l'une qui vit et agit au grand jour, l'autre invisible, occupée sans cesse à observer la première, à dresser chaque matin un ténébreux procès-verbal de ses paroles et de ses actes de la veille. Est-ce là vraiment une société ? Et quelle position que celle du pouvoir qui, dans la continuelle insomnie de la peur, ressemble, non pas à un chef tranquille au milieu des siens, mais à un conquérant environné, sur une terre étrangère, d'ennemis perpétuellement à redouter ! Encore, si de l'emploi des moyens qu'on lui suggère pouvoit résulter pour lui une sécurité réelle ; mais non. L'expérience de tous les temps montre qu'ils ne préviennent rien, ne remédient à rien. Leur effet presque unique est de constater et souvent de produire une défiance et une dissidence de jour en jour plus profonde entre le gouvernement et le peuple, et aussi de corrompre les mœurs publiques, de pervertir le sens moral par le contact habituel de la population surveillée avec des hommes dont les fonctions impliquent le mépris pratique et systématique de tous les principes sur lesquels se fondent les relations sociales, de toutes les idées du juste et de l'honnête.

De plus, cette voie, où une espèce de stratégie souterraine combine ses sourdes opérations, n'est pas de celles où l'on s'arrête ; et la preuve, c'est que chaque année on sollicite, pour la prochaine campagne, une plus forte allocation dans le budget : chaque année il faut donc augmenter l'armée ; chaque année on est donc plus loin du but qu'on vouloit atteindre, et chaque année aussi, on doit avoir recours à des mesures nouvelles, supposées plus efficaces parce qu'elles sont plus sévères, et qui ne tardent pas à être reconnues également insuffisantes. Tout gouvernement de police aboutit nécessairement à l'arbitraire pur. Certains obstacles, contre lesquels d'ailleurs il lutte avec succès, empêchent le ministère de marcher dans cette route aussi rapidement que le système auquel il est lié l'obligeroit d'y marcher sans cela; mais laissez faire au temps, et le principe développera sa conséquence, et l'arbre portera son fruit. Pour nous, au lieu de craindre ce développement, nous le souhaiterions plutôt, persuadés que tout système politique, une fois en action, doit accomplir dans la société son cycle logiquement fatal. Nous proposerons donc aux ministres l'exemple de l'Autriche, moins gênée et plus hardie qu'eux. Elle aussi, comme on le sait, a fondé dans ses possessions, en Italie surtout, un gouvernement de police, mais un gouvernement grandiose, digne à tous égards de servir de modèle et aussi de leçon à ses timides imitateurs. Nous recommandons principalement à l'attention de ceux-ci une des plus magnifiques inventions dont le vrai génie du pouvoir ait pu se glorifier en aucun pays et en aucun temps, celle des *precetti*.

« On appelle *precetto*, en italien, une prescription, tantôt verbale, tantôt écrite, qui fait connoître à un homme ce qu'on lui permet ou ce qu'on lui défend de faire; par exemple, à l'un on enjoint de ne point aller au spectacle, de ne jamais sortir avant midi, ou de rentrer le soir au soleil couchant; à l'autre on interdit d'aller au café, on lui défend de passer par certaines rues, de sortir des limites de son quartier, quelquefois de franchir les portes de la ville. Pour quelques Italiens le *precetto* est de ne pas se montrer dans les promenades publiques, de ne jamais s'arrêter dans la rue, de ne point parler avec telle personne, ou avec telle classe de personnes. Il en est qui ne doivent, en aucun lieu, jouer aux cartes, au billard, boire ou manger dans un restaurant, fréquenter une ou plusieurs maisons de leurs connoissances, écrire par la poste, ou recevoir des lettres sans les remettre à la police; enfin il est interdit à beaucoup d'Italiens de parler à plus d'un individu à-la-fois, et de se promener en compagnie de plusieurs personnes. C'est une sorte d'emprisonnement mitigé, qui animalise la vie de l'homme en lui retirant l'exercice de sa volonté. Mais comment cela peut-il se prétendre, comment cela peut-il s'exécuter? dira-t-on. C'est en effet ce qu'on auroit peine à se figurer, sans l'exemple qu'en donnent tout à-la-fois la police autrichienne et les peuples italiens.

« Pour comble d'humiliation, le *precetto* n'est jamais motivé; il peut indifféremment être intimé par écrit ou verbalement, et par conséquent être une mesure du chef de la police, ou un acte de la fantaisie d'un de ses agents, qui tous sont occupés à surveiller la triste exécution des *precetti*, et peuvent au besoin s'aider des soldats autrichiens pour sévir contre les *precettati*. Toute transgression de leur part est arbitrairement punie par le chef de la police, qui ordonne des arrêts, des emprisonnements, des mises au secret ou des confinements dans des villages isolés, suivant que la chose lui plaît, et pour le temps qui lui convient, sans que le procureur fiscal puisse, aux termes des lois qui lui prescrivent de le faire, venir interroger dans la prison un homme que la police y a mis, car cette faculté cesse d'exister pour un magistrat italien aussitôt que le geôlier lui déclare que c'est un prisonnier écroué par la police. La police autrichienne s'est donc acquis, dans toute l'Italie, le droit de mettre un homme hors la loi et d'en disposer selon son bon plaisir. Si la victime vouloit récriminer en recouvrant sa liberté, non-seulement la rigueur de son *precetto* redoubleroit, mais encore elle ne trouveroit aucun magistrat qui pût recevoir sa plainte (1). »

(1) L'*Europe politique ;* par le comte de la Rivallière Frauendorf ; t. 1, p. 60 et 61.

LOI SUR L'INSTRUCTION SECONDAIRE.

La loi sur l'instruction secondaire qui se discute maintenant à la Chambre peut se résumer tout entière dans ce mot de M. de Tracy : « Il est évident que le gouvernement aura « l'entière disposition de l'enseignement en « France. » Ainsi la liberté d'éducation promise en 1830 aura le sort des autres libertés. On étudiera dans les écoles ce que le gouvernement voudra qu'on étudie, on y apprendra ce qu'il permettra qu'on sache, on s'y pénétrera des idées, des maximes qu'il jugera de son intérêt de propager. Maitre absolu de l'homme à tous ses âges, il fera pétrir son esprit par ses instructeurs littéraires dans l'enfance, son corps par ses instructeurs militaires dans la jeunesse, ses mœurs et ses opinions par les officiers de ses parquets et les agents de sa police pendant tout le reste de sa vie.

Mais, pour ne parler que du système d'instruction que la loi rendra obligatoire universellement, et sans contester l'importance des études classiques chez une nation où doivent se former des hommes pour toutes les carrières, conçoit-on qu'on les impose à une multitude d'enfants destinés à des professions où elles leur seront tout-à-fait inutiles, et qui exigent impérieusement des connoissances d'un autre genre qu'on leur ôtera le temps d'acquérir ? Vous voulez qu'ils emploient trois ou quatre années pour parvenir dans les colléges communaux à ce qu'on appelle la quatrième, après quoi ils s'arrêteront, s'il leur plaît ainsi. Mais n'est-ce pas là quatre années précieuses absolument perdues ? Que sait-on de latin et de grec en quatrième ? et le peu qu'on en peut savoir, combien faut-il de mois pour l'oublier ? Votre système, dans une grande partie de son application, n'organise donc que l'ignorance. Par le fait vous n'enseignez rien, vous empêchez seulement qu'on soit enseigné d'une manière utile et réelle. Et voilà où conduit le monopole, la funeste manie de s'emparer de tout et de tout réglementer. Jamais, en ce qui touche l'instruction, les besoins ne furent plus divers que de nos jours, où la connoissance se divise en tant de branches relatives aux différents états et aux différentes industries. Comment donc la loi pourroit-elle tout prévoir et tout régler ? On ne craint point de traiter une nation comme si chacun y manquoit de ce qu'il faut de bon sens pour discerner, suivant le but particulier qu'il se propose, ce qu'on doit apprendre pour y arriver, comme si tous les pères de famille étoient dans l'impuissance radicale de résoudre pour leurs enfants ce difficile problème, et que ce fût une indispensable nécessité d'en charger le pouvoir, seul capable de décider du genre et de la limite d'instruction qui convient à tout enfant quel qu'il soit, et quoi qu'il doive devenir selon les desseins paternels. S'il ne s'agissoit pas d'intérêts si graves, on ne pourroit que rire, en vérité, d'une si burlesque prétention ; mais lorsqu'on songe à ses conséquences, ce n'est plus le ridicule qui frappe : on plaint, avec un sentiment d'amertume et de douleur profonde, le peuple que son malheur a livré, corps et âme, aux manipulations de quelques hommes, persuadés, ce semble, qu'ils ont acquis par prescription l'inadmissible droit de l'exploiter.

DES PAUVRES.

Les journaux ont cité, dans ces derniers temps, plusieurs exemples de malheureux morts de faim sur la voie publique, et très-certainement ils n'ont pu connoitre ni publier tous les faits de ce genre. Combien, en outre, de misères cachées également déplorables, quoique moins extrêmes; combien de souffrances que Dieu seul voit, de secrètes détresses qui, sans tuer immédiatement, usent les forces et abrégent la vie ! Il suffiroit pour s'en convaincre de comparer les chiffres de la mortalité dans les divers arrondissements de Paris, suivant que la population en est ou plus riche, ou plus indigente. Des logements humides et privés d'air, que le soleil ne visite jamais; pour vêtements des haillons qui recouvrent le corps sans le préserver du froid, pour lit quelques poignées de paille et encore pas toujours, rarement un lambeau de couverture, des aliments mauvais en quantité insuffisante; tel est l'état du pauvre, espèce de combat perpétuel contre le besoin et la maladie, que, pour un grand nombre, la mort termine vite. On est trop naturellement ramené, dans le moment actuel, à ces tristes réflexions par la gène croissante du commerce, gène qui se faisant de proche en proche sentir dans les fabriques et les ateliers de toute sorte, prive une multitude d'ouvriers des plus indispensables ressources. Fermez un instant l'oreille au bruit assourdissant de la politique des partis, aux loquaces clameurs des hommes du pouvoir, vous entendrez sortir des profondeurs de la société comme un cri sourd d'angoisse. Et que fait-on pour remédier à des maux si grands, pour soulager, au moins en une certaine mesure, des douleurs si aiguës et si générales? On n'y songe même pas. Le gouvernement a-t-il prononcé une seule parole de commisération pour tant de souffrances? Lui est-il venu dans l'esprit d'y chercher un adoucissement? Une voix s'est-elle élevée au sein des chambres pour demander qu'on s'en occupât? Non, pas un mot n'a indiqué qu'on y songeât seulement. Car nous ne pensons pas qu'on apporte en preuve d'un souci de ce genre la loi sur les caisses d'épargne et celle sur les travaux publics, l'une desquelles a eu pour effet d'ébranler l'unique institution qui parût être de quelque utilité au pauvre peuple, tandis que l'autre, conçue dans un but relatif à des intérêts autres que les siens et contraires aux siens, lui ôte immédiatement, par le maintien de l'impôt qu'auroit diminué la réduction de la rente, beaucoup plus qu'elle ne semble lui promettre en salaires dans un avenir indéterminé. Il manque de pain; que fait le ministère? Il propose de doter d'un million une reine étrangère, et de 40 millions un jeune prince appelé déjà au partage d'une fortune de 200 millions. De pareils contrastes, dangereux dans tous les temps, le sont encore plus dans le nôtre. Ils font naître d'étranges réflexions, soulèvent d'amers sentiments, et l'on ne doit jamais tenter l'homme à ce point.

La question des classes indigentes est aujourd'hui partout en Europe la grande et fondamentale question; toutes les autres viennent en définitive se résoudre dans celle-là. Elles n'ont de valeur réelle que par leur connexion avec le problème, qui agite et fatigue l'humanité, de l'amélioration du sort des masses. L'équilibre social, tant et si vainement cherché de nos jours, qu'est-ce, si ce n'est la réalisation chez un peuple des conditions de sa vie, et des meilleures conditions possibles de sa vie, de sa vie physique, de sa vie morale et intellectuelle? Telle est la fin vers laquelle il tend: tout le reste, purs moyens, pures formes. Nous savons que ce problème, qu'on ne sauroit même discuter maintenant dans plusieurs de ses branches, n'admet que des solutions partielles et progressives, et, quant à leur étendue, dépendantes du concours des différents peuples. Mais ce n'est pas un motif pour l'oublier ou le négliger. Si l'on ne peut actuellement remédier à tous les maux, on peut au moins en diminuer le nombre, en atténuer l'intensité. Et, après tout, il faut bien qu'on en vienne là, qu'on sorte enfin de la funeste léthargie de l'égoïsme, si l'on veut préserver la société des effroyables convulsions qui la menacent, si l'on veut qu'elle vive.

To be, or not to be, that's the question.

Nous sommes loin de regarder l'Angleterre comme un modèle à imiter sur ce point. Au contraire, il n'est pas aujourd'hui dans le monde entier un pays où la richesse soit distribuée d'une manière plus vicieuse, où les regards soient à chaque instant plus choqués par le hideux contraste de l'extrême opulence et de l'extrême misère. Aus i n'est-il aucun pays où la fermentation soit plus profonde, et où, dans un avenir prochain, toutes choses soient moins assurées. Adossé, pour parler ainsi, aux dernières limites du mal, le peuple est parti de là pour reconquérir ce qu'on avoit usurpé sur lui, et il ne s'arrêtera qu'après avoir achevé cette conquête difficile, sans doute, mais certaine; car, où est le peuple, là est la justice, et où est la justice, là est Dieu.

Produit de la dure nécessité, les lois angloises

sur le paupérisme n'offrent qu'un foible palliatif à la maladie qui dévore ce peuple. Elles pèsent d'un poids énorme sur les classes aisées, sans changer le moins du monde la condition des classes indigentes. Elles subsistent comme une transaction passagère entre le pauvre et le riche, mais le fond de l'instance est toujours pendant, et de part et d'autre on attend, avec une fiévreuse anxiété, la sentence définitive. Il n'est point là d'exemples pour nous. Mais cette même Angleterre nous en fournit un autre qu'il seroit aussi beau qu'utile d'imiter. Un membre du parlement a demandé qu'il fût fait une enquête générale sur l'état de la population pauvre, d'où devra résulter une connoissance exacte et du mal et de ses causes. Cette demande a été accordée sans opposition. Il seroit digne d'un député vraiment pénétré de sa mission de réclamer pour la France une pareille enquête. Ce seroit un premier pas fait dans la voie des véritables améliorations sociales, une marque de souvenir sympathique donnée au peuple, jusqu'ici oublié si profondément. Il a d'immenses besoins, il supporte des souffrances extrêmes, on le sait ; mais le tableau détaillé, l'énumération officielle de ces souffrances et de ces besoins, produiroit une impression bien plus vive que la vague connoissance qu'en a chacun maintenant, provoqueroit bien plus efficacement les mesures propres à soulager de si grands maux. Que si l'on craignoit qu'une semblable proposition ne fût rejetée, au moins elle honoreroit son auteur, elle acquitteroit sa conscience d'homme, et le peuple, après tout, sauroit désormais qui s'intéresse à sa misère et qui s'en rit, qui le plaint sincèrement et qui le dédaigne, qui sont ses amis et ses ennemis.

ÉTAT INTÉRIEUR DE L'ANGLETERRE.

L'Angleterre présente en ce moment un spectacle remarquable. L'antique édifice où s'abritèrent les générations formées sous l'empire des idées, des mœurs et des coutumes du moyen-âge, croule de toutes parts, et vainement les mains vacillantes d'une aristocratie usée s'efforcent de le raffermir sur sa base ébranlée par le temps. Des ruines de l'ancienne société on voit peu-à-peu surgir une société nouvelle. Les vieux partis se décomposent. Quoiqu'ils aient jusqu'ici conservé la direction des affaires, ils les conduisent bien moins qu'ils ne sont entraînés par elles. Ainsi l'émancipation catholique, si opiniâtrement refusée pendant quarante ans, malgré les promesses les plus expresses, a dû être concédée par un ministère tory. Puis, voulant s'arrêter après ce premier pas, il perdit l'appui de l'opinion, et les whigs prirent sa place, sous la condition implicite d'accomplir le vœu national. Alors fut débattue la capitale question de la réforme parlementaire. Les lords en sentirent la portée, et prévoyant les suites d'une mesure qui devoit amener de proche en proche une révolution totale dans la constitution de l'état, ils y opposèrent une résistance que les whigs ne purent dompter qu'en se ménageant l'alliance du parti radical, foible encore dans la chambre, mais fort parmi le peuple. La crainte de celui-ci obligea les lords à céder. C'étoit la seconde fois qu'une dure nécessité les contraignoit d'abandonner leurs maximes traditionnelles. Ces maximes d'ailleurs étoient celles de l'aristocratie entière, sans distinction de whigs et de tories, et par conséquent leur abandon signaloit dans le pays l'avénement d'une puissance nouvelle, qui ne gouvernoit pas encore, mais sans le concours de laquelle il étoit désormais impossible de gouverner. De ce moment l'on put juger que la complète rénovation de la vieille société angloise n'étoit plus qu'une question de temps. L'esprit de réforme n'a pas en effet cessé un instant de poursuivre son œuvre. Il entraine en dépit d'eux-mêmes les whigs, qui ne parviennent qu'en y cédant à garder le pouvoir, tandis que les tories, malgré un désir ardent de le ressaisir, hésitent dans leurs efforts, retenus qu'ils sont par le sentiment de l'impuissance où ils seroient d'en user selon leurs vues personnelles. Les choses maintenant sont trop avancées pour qu'ils pussent, sans s'exposer aux chances terribles d'un bouleversement immédiat et universel, le conserver à d'autres conditions que celles auxquelles les whigs se sont résignés, c'est-à-dire, en feignant de n'obéir qu'à leur conviction, d'obéir en effet à une volonté en dehors du gouvernement et supérieure au gouvernement, que chaque jour elle domine avec plus d'empire.

Bien que certaines circonstances puissent passagèrement reporter les tories au ministère, ils sont donc à jamais déchus de leur prépondérance politique. Réduits dorénavant à un rôle passif, ils se borneront à opposer au mouvement régénérateur, révolutionnaire si l'on veut, une résistance qui ne seroit pas dépourvue d'utilité, si elle savoit se renfermer en de sages limites. En modérant l'action populaire, elle empêcheroit des secousses trop brusques ; en y cédant à propos, elle préviendroit d'autres secousses plus dangereuses. Mais ceci supposeroit qu'au fond de leur pensée les tories acceptent toutes les conséquences de la révolution, qui doit finalement les dépouiller de leurs prérogatives, et c'est ce qu'on ne sauroit espérer ni d'eux ni de quiconque se trouveroit placé dans une position semblable. Le bill sur les taxes de l'église est certainement un de ceux auquel ils devroient le moins s'opposer, s'ils agissoient sous une autre inspiration que celle de leurs intérêts personnels; car ici la réforme n'atteint que des abus notoires et criants. Ils le rejeteront néanmoins , sans autre avantage que d'en devenir plus impopulaires, forcés qu'ils seront de l'adopter dans un avenir prochain, et, non seulement ce bill, mais une foule d'autres bien plus irritants pour eux, bien plus graves en soi, et dont les germes indestructibles se développent journellement dans la raison publique.

Mais, avant cela, les whigs, eux aussi, blessés dans leurs intérêts et leur orgueil aristocratique, effrayés des exigences sans cesse croissantes des radicaux, et humiliés d'une dépendance dont le poids s'accroîtra rapidement, commenceront à tourner leurs regards en arrière, et s'efforceront de contenir le mouvement qu'ils ont jusqu'ici secondé. Alors l'uniformité des vues et des désirs, ainsi qu'un effroi plus puissant qu'une simple rivalité de pouvoir dans le même système fondamental, opérera entre eux et les tories une réconciliation jugée nécessaire pour la défense commune. Déjà l'on aperçoit les premiers symptômes de ce rapprochement nécessaire un peu plutôt ou un peu plus tard. Mais, lorsqu'il aura lieu, son unique effet sera de mettre en évidence la foiblesse incurable de l'aristocratie, et la force invincible du parti populaire, force qui ne peut que croître par la rupture d'une alliance factice, d'où naissent pour elle mille entraves gênantes. Sous ce rapport, les derniers débats du parlement anglois jettent une vive lumière sur le fonds réel des choses. La confiscation du *Vixen* est tout-à-la fois une violation du droit des gens, une insulte à l'honneur de l'Angleterre, et une attaque contre ses intérêts. Qu'a fait le ministère ? Il a fermé les yeux sur la violation du droit, il a sacrifié les intérêts, et baissé la tête sous l'insulte. Ne demandez pas ce qu'est devenue la fierté de la nation angloise, son active jalousie commerciale et industrielle ; demandez ce qu'est devenue la force de son aristocratie gouvernante. Le pouvoir craint tout parce qu'il sent que le peuple n'est pas derrière lui. Le parti radical, dans sa jeune vigueur, est le seul qui ait eu souci des intérêts et de l'honneur national, le seul qui n'ait pas tremblé devant la nécessité hypothétique de défendre les uns et de venger l'autre par les armes: et c'est qu'il se sent le peuple même, le peuple vivant. Débris d'un peuple qui n'est plus et que bientôt elle doit rejoindre, l'aristocratie, elle, est comme assoupie par les pesantes vapeurs du tombeau : de sa main défaillante elle tient encore les rênes de l'état, près de lui échapper pour toujours.

QU'EST-CE QUE LA BOURGEOISIE ?

La société antique, si différente de la nôtre à tant d'égards, n'offre rien qui ressemble à ce qu'on a nommé la bourgeoisie chez les nations modernes. Le système des castes, établi dans l'Asie orientale et en Égypte, en exclut l'idée même. Là, chacun enchaîné dans un état et une profession héréditaire, à jamais immobile dans la position que sa naissance lui assignoit, accomplissoit fatalement l'œuvre à laquelle d'avance elle l'avoit destiné. Il semble qu'à ces époques lointaines les législateurs aient conçu l'organisation sociale sous une notion, pour ainsi parler, purement physiologique. Le corps humain se compose d'un certain nombre d'organes principaux, dont chacun a sa fonction propre et nécessaire, pour laquelle aucun autre ne peut le suppléer. La société fut pour eux ce corps, et les castes en furent les organes. Cette conception, séduisante au premier aspect par l'élément de durée et de stabilité qu'elle renferme, présente, sous ce rapport, une fausse apparence d'ordre, qui a fait illusion à de très-grands esprits, et à Bossuet lui-même. Ils n'ont pas réfléchi qu'elle reposoit sur une base non moins vicieuse en soi que dégradante pour l'homme, qu'elle considère presque uniquement dans ce qu'il a de physique et de commun avec l'animal. Impliquant dès-lors essentiellement l'idée de nécessité, elle exclut par là même rigoureusement celle de progrès; c'est-à-dire que, de toutes les conceptions imaginables, il n'en est point de plus opposée à la conception chrétienne de l'humanité et de la société.

Dans la Grèce et à Rome, point de bourgeoisie non plus. L'esclavage ne permettoit pas que cette classe y pût naître; car l'exercice des arts, des métiers, des professions industrielles, y étoit attribué par la coutume et par les mœurs, quelquefois même par les lois, aux seuls esclaves: et de là vint que l'opinion, longtemps encore après, continua d'attacher un certain mépris à ces professions pourtant si utiles.

A mesure que le christianisme, plutôt par son esprit intime que par des prescriptions directes, abolissoit la servitude sous tous ses noms et sous toutes ses formes, la société se modifioit peu-à-peu profondément. Les villes se peuplèrent d'une classe d'hommes voués aux professions mécaniques et industrielles. Telle fut l'origine de la bourgeoisie. Le bourgeois, c'étoit l'habitant du *bourg*, de la cité, et la cité pleinement affranchie devint la commune, qui devint elle-même, à raison des droits et des libertés qu'elle avoit conquis, un élément politique de l'état, foible d'abord et subordonné, mais que le progrès des choses devoit successivement agrandir, jusqu'à ce qu'il en vînt, sous sa dénomination dernière de nation, de peuple, à représenter et à constituer la souveraineté même.

Par où l'on voit déjà qu'essentiellement le peuple et la bourgeoisie ne sont qu'un. En s'isolant de lui, celle-ci perd toute sa force; elle abdique de fait et ses libertés et sa souveraineté en faveur d'un autre souverain, qui ne peut lui offrir en échange que les priviléges dérisoires d'une aristocratie bâtarde, sans puissance effective et sans considération véritable, car la considération politique est constamment proportionnelle à la puissance. Les prérogatives qu'il lui concède, toujours relatives à lui-même, ont pour unique effet, en ce qui la touche, elle, un peu moins de servitude apparente, et un peu plus de servitude réelle. Accordées pour des fins personnelles au pouvoir, il en fixe les limites et, par une multitude de moyens directs ou indirects, en dirige l'exercice selon ses intérêts, de sorte que la classe privilégiée, instrument docile et presque passif entre ses mains, ne se distingue, en réalité, des classes politiquement inférieures, que par un surcroît d'obéissance aveugle et forcée, et par conséquent un surcroît de servage.

Les développements variés de la civilisation moderne ont créé chez les peuples européens une espèce de tribu nomade répandue dans toutes les nations, et qui n'appartient à aucune. On la rencontre partout où le commerce attire une certaine masse de capitaux, en tout pays où l'argent afflue avec quelque abondance. Régulateurs du crédit, qui multiplie le signe de la richesse et en détermine la circulation plus ou moins rapide, ces hommes-monnoie n'ont d'autre patrie que la bourse. Leur influence est grande sur les gouvernements, obérés pour la plupart, et dès-lors contraints de vivre de ressources, comme un particulier dont les dépenses dépassent le revenu. Ils se rattachent aussi, par une infinité de liens, à la classe industrielle et commerçante, mais avec des intérêts évidemment opposés aux siens, puisque, dans le mouvement du crédit, les pertes de l'une forment le gain des autres. On ne peut donc, sous aucun rapport, les assimiler à la bourgeoisie, et rien de plus faux que l'opinion, assez répandue cependant, selon laquelle on les en considéreroit comme la sommité.

Le bourgeois a toujours été et sera toujours, dans sa première origine, un artisan qui a prospéré. La bourgeoisie, conséquemment, représente l'homme du travail, à qui plus d'intelligence, plus d'économie et des circonstances plus heureuses, ont permis de s'élever à une condition relativement meilleure; elle est, en un mot, le peuple même parvenu, dans quelques-uns de ses membres, à se créer un capital, et dès-lors à vivre moins péniblement et même avec aisance. L'institution des caisses d'épargne, mieux conçue et plus développée, seroit de nos jours comme le sol où la bourgeoisie germeroit et prendroit racine. Lorsqu'on parle d'une limite, légale ou autre, qui, en la séparant du peuple, obligeroit de supposer en elle un principe différent d'existence, on met une pure fiction à la place de la réalité, on détache le rameau de la tige d'où il sort et qui le nourrit; on tend à l'orgueil de la bourgeoisie un piége grossier, dans l'unique but, si elle y tomboit, seroit d'affoiblir le peuple et de l'affoiblir elle-même. Le peuple isolé d'elle perdroit en effet une partie de sa force; isolée du peuple, elle perdroit aussi toute celle qu'il lui prête, sans autre compensation que de vains priviléges dépourvus de racine dans la nature des choses et dans l'opinion, et dont le seul résultat possible seroit de la rendre l'instrument de l'oppression d'autrui et de la sienne même. Comment ne pas voir effectivement que, dans son action politique, elle ne jouit que d'une liberté apparente ; que, soumise forcément à une multitude d'influences irrésistibles, elle n'a de fait ni pensée ni volonté propre, contrainte d'obéir passivement à une impulsion qui part de plus haut ? Et comment ne pas voir encore que ses intérêts, presque en tout contraires aux intérêts de ceux qui la dominent, sont identiques avec les intérêts du peuple ; que les monopoles, les abus de toute sorte qui pèsent sur celui-ci, pèsent également sur elle, qu'il ne souffre point sans qu'elle souffre, qu'entre elle et lui subsiste une indissoluble communauté de biens et de maux, d'espérances et de vie. Essayez, en effet, de découvrir un point de séparation réelle entre les nuances imperceptibles par lesquelles on s'élève, de proche en proche, du simple ouvrier, vivant chaque jour du travail du jour, au commerçant, au fabricant, à l'artiste, à l'avocat, au médecin, qui jouit d'une fortune acquise également par le travail, vous n'y réussirez jamais ; tant les extrémités de cette longue chaîne sont étroitement liées par les anneaux intermédiaires.

La noblesse formoit autrefois un ordre à part dans l'état, et cela se conçoit. Elle s'attribuoit une autre origine que celle du reste de la nation. Le gentilhomme, l'homme de haute naissance, appartenoit à une race primitivement différente, et dont la supériorité, naturelle autant que politique, se transmettoit avec le sang : de là, pour elle, la flétrissure profonde, indélébile, attachée à ce qu'on appeloit les mésalliances, ou aux mariages contractés avec des individus de race inférieure. Cette opinion prodigieuse et, quoique anti-chrétienne, établie dans l'Europe entière, subsistoit encore dans toute sa force au temps de Saint-Simon. De cette distinction originaire des races, il concluoit que *le peuple, esclave par sa nature, et peu-à-peu affranchi, étoit devenu en partie propriétaire par la bonté des seigneurs.* C'étoit une sorte de charte octroyée. Au-dessous de la noblesse, seule propriétaire, seule libre par *nature*, on ne reconnoissoit qu'une classe qui, sous le nom de tiers-état, comprenoit la nation entière, moins la race privilégiée, et ce fut à cette unité, qui faisoit sa force, que le tiers-état dut la victoire en 1789. Divisé en lui-même, il auroit succombé ; et, pour lui ravir les fruits de cette glorieuse victoire, il suffiroit, nous le voyons chaque jour, d'opérer dans son sein une funeste scission qui permettroit de le vaincre à son tour par lui-même.

On ne sauroit donc assez le redire, la bourgeoisie c'est la portion la plus avancée du peuple, la tête, pour ainsi parler, de ce grand corps. Ils ne vivent que par leur union, et tout système tendant à les opposer l'un à l'autre, à les séparer l'un de l'autre, cache une pensée de mort.

Les apparentes prérogatives offertes à la bourgeoisie pour la séduire ne sont, elle doit le savoir maintenant, qu'un leurre misérable. Quels avantages a-t-elle retirés des prétendus droits dont l'a investie l'arbitraire légal? En quoi ses intérêts sont-ils plus ménagés, mieux défendus? Que peut-elle pour elle-même? Il n'y a de droits réels, de droits efficaces, que les droits sacrés et imprescriptibles qui appartiennent à tous également. Ceux-ci violés, ce qu'on appelle droit n'est plus qu'une concession intéressée de la force.

Bourgeoisie, peuple, qu'est-ce, selon la nature et selon Dieu, qu'une famille de frères? Les bourgeois en sont les aînés, et leur vrai privilége, le plus beau de tous sans doute et le plus grand, lorsqu'on sait le comprendre, est le privilége de devoirs plus nombreux et plus étendus, le privilége d'un amour prodigue de bienfaits et de saints dévouements. Une œuvre immense de régénération par la justice et la charité commença il y a un demi-siècle. Jusqu'à ce qu'elle soit accomplie, nul repos, car l'humanité ne cessera point d'être en souffrance; et le jour où le peuple essentiellement un n'aura qu'une volonté et qu'une action, comme il n'a qu'un même intérêt, sera le jour à jamais heureux de son accomplissement. Ne craignons, pour atteindre ce but magnifique, aucune fatigue, ne refusons aucun labeur. Quel meilleur emploi pourrions-nous faire du peu d'heures accordées ici-bas à chacun de nous? Si quelquefois, las du combat, nous sentons nos âmes s'attiédir et nos bras peu-à-peu retomber, levons les yeux et contemplons les générations futures qui nous tendent les mains du fonds de l'avenir.

MISÈRE DU PEUPLE.

Les embarras croissant du commerce préoccupent de plus en plus, et avec grande raison, les esprits. Chaque faillite qui se déclare en fait craindre de nouvelles. L'alarme est générale, et elle augmente le mal en resserrant les capitaux. Jusqu'ici, néanmoins, la banque n'a pas été entamée. Si elle l'étoit plus tard, si le crédit éprouvoit, dans ses sommités, un fort ébranlement, on ne sait où la crise s'arrêteroit. Plusieurs branches d'industrie ont spécialement souffert, et une importante instruction ressort de ces tristes événements qui ont mis à nu le vice radical de l'organisation du travail dans nos sociétés modernes. A Lyon, outre le nombre ordinaire d'indigents, vingt-huit mille ouvriers sont réduits à la mendicité, et l'on appréhende de pareils désastres à Rouen et en d'autres villes de fabriques. Le *National* de ce jour contient à ce sujet des réflexions qui méritent d'être sérieusement méditées. L'Europe entière est menacée d'être envahie par le paupérisme. La moindre perturbation industrielle et commerciale révèle le fond de misère inouie qu'on prend à tâche de se dissimuler ou d'oublier dans les temps prospères; le moindre souffle écarte le voile léger qui la recouvre, et l'œil alors pénètre avec effroi dans cet abîme de maux auxquels les gouvernements ne songent pas même à chercher un remède. La question pourtant est celle de la faim, la question est de savoir si une multitude d'êtres humains, qui ont reçu de Dieu, avec l'existence, tous les droits attachés à l'existence, vivront ou mourront; si le sol natal sera pour eux une patrie ou une fosse.

On s'explique cependant l'apathie du pouvoir. Il y a d'autres raisons qu'une indifférence barbare dont le seul soupçon feroit injure à la nature humaine. Quiconque a sondé un peu avant la plaie qui dévore une nombreuse partie de la population, et, sans contredit, une des plus utiles, sait à quelle profondeur il faudroit descendre dans les institutions sociales pour la guérir; combien de problèmes renferme ce problème, et combien d'intérêts dès-lors pourroient être ou se croire froissés par sa solution. Défenseur de ces intérêts qu'il juge plus ou moins identiques ave les siens, le pouvoir redoute de les voir soumis à un examen et à des discussions qui pourroient conduire à des résultats funestes à ses yeux, car il s'est habitué à regarder comme funeste tout ce qui tendroit à élargir la place que le principe démocratique occupe dans l'état. Cependant, d'une part, la démocratie étant en France le fait présent, un fait indestructible reconnu par les lois, consacré par les mœurs, chercher en dehors de lui les conditions d'un ordre durable c'est s'engager à changer les mœurs, à renverser la base des lois ; et, d'une autre part, nul moyen de détruire ni d'atténuer le mal effrayant qui a son siége à la racine de la société qu'en ouvrant à cette même démocratie une large sphère, où, sous des garanties politiques d'égalité et de liberté qu'on lui a refusées jusqu'ici, ses intérêts puissent s'organiser pacifiquement. En un siècle aussi profondément pénétré que le nôtre de cette grande et salutaire vérité que dans la famille humaine les droits sont les mêmes pour tous, s'imagine-t-on qu'il soit possible de priver longtemps de ces droits des millions d'hommes exclus ainsi du pacte social, quand cette privation équivaut pour eux à une sentence de mort? Quoi de plus insensé que d'établir sur un pareil fondement la sécurité de l'avenir? Rien ne prévaut contre la justice, lorsqu'elle est évidente aux yeux des peuples. Croyez-moi, faites vous-mêmes ce qui autrement se fera tôt ou tard sans vous et malgré vous. On se retranche dans des prétextes qui ont perdu plus d'un gouvernement. On dit : Il faut maintenir l'ordre, appelant ordre l'ensemble des choses existantes. Mais qu'est-ce qu'un ordre en contradiction avec l'équité, l'humanité? Vous flattez-vous de persuader au peuple que l'ordre c'est pour lui la faim, la nudité, la souffrance et la mort? que telle doit être sa destinée selon les immuables décrets de la Providence? que ce sont-là les seuls dons que Dieu verse sur lui de ses entrailles de père? Traduisez dans un langage clair ce qu'on répète chaque jour, vous ne trouverez que cela. Le peuple, éclairé par l'instinct infaillible de la conscience, répond, lui, que vous blasphémez, et le peuple a raison.

APANAGE DU DUC DE NEMOURS.

En présence de tant de milliers de familles privées du plus strict nécessaire, d'une nombreuse partie de la nation livrée aux angoisses de la faim, il est triste de penser que les représentants de cette même nation vont discuter solennellement, non pas les moyens de remédier à de si grands maux, non pas si l'on donnera un pauvre morceau de pain à cette multitude que le besoin torture, mais si l'on grèvera d'un nouvel impôt le travail et les sueurs du peuple, pour constituer à un jeune homme qu'environnent déjà toutes les jouissances du luxe une dotation de quarante millions en capital.

Quelques-uns, frappés de ce contraste que toute la France a senti péniblement, ont cru beaucoup faire en proposant qu'à la dotation foncière on substituât un revenu annuel de cinq cent mille francs en rentes sur le grand livre. Cette modification au projet de loi primitif en a singulièrement choqué les auteurs. Ils ont dit que le prince en faveur duquel on prélèveroit ces 500,000 fr. sur le peuple n'ayant rien à faire qu'à les dépenser, et ne sachant pour cela comment s'y prendre, pourroit se laisser entraîner par mille tentations dangereuses, et finalement devenir peut-être un fort mauvais sujet; qu'il existoit d'ailleurs une autre raison, une profonde raison politique de préférer au revenu annuel une allocation héréditaire en forêts, fermes, parcs et châteaux. En effet, le prince aura des voisins, et partant des procès; il en perdra plusieurs, quoique prince; et ne voyez-vous pas la conséquence, ne comprenez-vous pas quels heureux effets aura pour le pays cette leçon d'égalité civile donnée à un membre de la famille régnante? Son Altesse Royale apprendra qu'elle n'est pas au-dessus de la justice, qu'il ne lui suffit pas de convoiter la propriété d'autrui pour l'en dépouiller, ce qu'elle ne se seroit jamais sans doute avisée de penser, à moins qu'un jugement ne l'en avertit. Est-ce que la France pourroit trop payer un pareil avantage?

Il nous touche beaucoup en effet. Cependant, nous examinerons la question sous un autre point de vue. A quel titre fondé sur la nature des choses demande-t-on, soit un apanage en fonds de terre, soit un revenu annuel en rentes constituées, pour M. le duc de Nemours?

Est-ce à raison de sa qualité de prince? Mais sa qualité de prince, qui lui crée par elle-même, et par les espérances éventuelles qui s'y rattachent, une position si favorisée, si brillante, n'est liée à l'exercice d'aucune fonction publique. Or, ou le gouvernement constitutionnel, le gouvernement *à bon marché,* n'est qu'une moquerie, ou l'Etat ne rétribue que ses fonctionnaires. Quoi, sous ce genre de gouvernement, on paieroit un homme parce que cet homme veut bien accepter l'espoir de la plus haute fortune à laquelle on puisse parvenir, l'espoir de régner un jour ! On le paieroit pour attendre le trône, pour l'affermir dans le dévouement généreux, inouï, qui, le cas échéant, le décideroit à y monter ! On le paieroit parce que, jusque-là, il daigne permettre qu'on lui confère, en dehors de toutes les lois qui règlent l'avancement, les premiers grades militaires ! Voilà pourtant, comme prince, ses seuls titres à une dotation.

Non, dira-t-on, ce ne sont pas les seuls ; il faut qu'il puisse vivre d'une manière conforme à sa position élevée ; il faut qu'une splendide existence rappelle au peuple qu'il peut être appelé à le régir, et empêche de le confondre avec la foule de ceux qui ne sont que Français et citoyens. Pour notre compte, nous ignorons tout-à-fait comment, sauf les distinctions qui dérivent des différentes fonctions légales, on peut être en France autre chose que Français et que citoyen, et surtout quelque chose de plus grand. Nous ne concevons pas mieux qu'un vaste déploiement de richesse et de luxe soit le plus sûr moyen de se concilier le respect et la sympathie publique. Mais, enfin, admettons qu'un prince n'est pas seulement en France *un Français de plus,* un citoyen de plus; admettons qu'il soit nécessaire de rassembler autour de lui toutes les commodités de cette *vie molle* à laquelle une feuille ministérielle le dit destiné; encore reste-t-il à examiner jusqu'où s'étend cette nécessité de son état de prince, et si, pour y pourvoir, il est indispensable de recourir à la nation, déjà surchargée d'un budget de plus d'un milliard.

Or, je demande si un prince, vivant dans sa famille et en partie défrayé par elle, ne sauroit avoir une existence convenable à son rang, à moins qu'on ne lui assure de plus un capital de 40 millions selon les uns, ou un revenu de 500,000 francs selon les autres. Ne peut-on *vivre mollement* à moindres frais, surtout quand ces frais sont prélevés sur le pain noir du pauvre et sur la paille de sa couchette?

Mais passons encore : un capital de 40 millions, ou un revenu de 500,000 francs, pour *la vie molle* de M. le duc de Nemours; rien de moins, cela est convenu; c'est le pur nécessaire d'un prince. Mais le père de ce prince, richement rétribué par le pays, jouissant des domaines royaux et d'une liste civile de 12 millions, possède en outre une fortune personnelle évaluée à 200 millions de capital, sans y comprendre l'énorme succession du duc de Bourbon. Or où est, je vous prie, l'impossibilité de distraire de cette immense fortune paternelle un revenu suffisant pour mettre à l'abri de toute privation douloureuse *la vie molle* de M. le duc de Nemours ? Il ne seroit pas mal, ce semble, ni hors de propos, que les hommes de vie molle songeassent un peu aux hommes de vie dure ; à ceux qui, avant le lever du soleil et après son coucher, fouillent la terre pour lui faire produire des épis dont quelques-uns à peine leur resteront ; à ceux qui, pour satisfaire aux besoins si variés et si nombreux de la vie sociale, passent la journée entière, et quelquefois une portion de la nuit, dans la fosse humide du tisserand, ou dans l'air malsain des ateliers. Interrogez ces hommes sur leurs *nécessités* à eux, et, en les comparant aux nécessités d'un prince, vous comprendrez ce qu'il vous importe beaucoup plus de comprendre que vous ne le pensez peut-être. Visiblement vous êtes fascinés ; visiblement un esprit de vertige trouble vos conseils. Que s'il arrivoit, chose improbable, que les chambres rejetassent votre loi d'apanage, leur refus de l'accepter, selon toute apparence, vous irriteroit profondément; et cependant jamais elles n'auroient rendu de plus éminent service au pouvoir que, vous ministres, vous prétendez défendre.

DU PEUPLE.

Nous appelons peuple, comme nous l'avons expliqué déjà, cette multitude qui forme partout le fonds réel de la société, et en quelque manière le sol fécond où les autres classes, relativement très-peu nombreuses, ont leurs racines et puisent leur vie ; car toute vie sort du peuple ; la vie physique, dont la conservation, dépendante de certaines conditions matérielles, est due à ses continuels travaux ; la vie morale, qui a sa source dans les immuables principes de justice, d'équité, de charité, dont jamais le sentiment ne s'éteint en lui, et qui restent invariablement, aux époques même où ils semblent le plus ébranlés, sa règle traditionnelle et sa loi pratique

Tel est le peuple : considéré dans son ensemble sur la surface entière du globe, il représente, il constitue véritablement l'humanité ; et dès-lors il n'existe pas une seule question sociale, une seule question de progrès, de réelle amélioration et de bien-être général, qui n'aboutisse au peuple comme à son terme naturel et nécessaire. De quelque voile qu'on le recouvre, sous quelque apparence de bien public que l'on essaie de le déguiser, tout intérêt qui ne se résout pas dans l'universel intérêt du peuple, n'est qu'un intérêt égoïste, immoral dans son origine, funeste dans ses résultats, un intérêt anti-social. Quoi de plus clair, en effet, que, si le genre humain a vraiment un but, s'il est destiné à s'en approcher sans cesse par un développement progressif, en passant d'un état moins heureux à un état toujours meilleur, ce développement doit s'opérer au sein de la masse populaire qui forme réellement le genre humain, et que dès-lors il a pour mesure celle des biens effectifs dont le peuple jouit à chaque époque successive.

Cependant l'histoire nous montre, depuis ses premières origines jusqu'à nos jours, le plus grand nombre des hommes dominé, opprimé par quelques-uns, sous toutes les formes de gouvernement, excepté peut-être quelques rares contrées où d'heureuses circonstances avoient permis de rester plus près de l'institution naturelle. Nulle différence d'ailleurs à cet égard entre le despotisme absolu de l'Orient et les républiques de la Grèce les plus démocratiquement constituées. Partout les nations se divisoient fondamentalement en deux classes, l'une composée des propriétaires, soit individuels, soit collectifs ou vivants des revenus de l'état, l'autre des hommes de travail; la première libre et seule investie de droits réels, la seconde esclave et en dehors de tout droit humain. En effet l'esclave n'étoit pas une *personne*, mais une *chose*, selon la jurisprudence romaine (1); et plus anciennement Aristote le range parmi les *propriétés* du maître (2), dont « l'autorité, ajoute-t-il, ne s'exerce pour l'utilité de l'esclave que par accident, et, pour « ainsi dire comme un résultat, puisqu'il n'est « pas possible que cette autorité se conserve, si « l'esclave vient à périr (3). » Le même auteur, traitant des moyens naturels d'acquérir, comprend au nombre de ces moyens l'art de la guerre ; « car, dit-il, l'art de la chasse n'en est « qu'une partie ; c'est celle dont on fait usage « contre les bêtes fauves, ou contre les hommes « qui, destinés par la nature à obéir, refusent « de se soumettre, en sorte que la nature même « déclare qu'une telle guerre est juste (4). »

Telles étoient les bases de la société, consacrées par la coutume, l'opinion, la loi, dans le monde ancien. Il est bon de s'en souvenir, pour le rappeler à ceux qui, contestant les progrès

(1) Redacti in hanc conditionem non pro personis, sed pro rebus, immo pro nullis habebantur. *Antiq. rom. jurispr. illustr.*, p. 94.

(2) Polit., l. III, ch. 2, § 8.

(3) *Ib.*, ch. 4, § 4.

(4) *Ib.*, l. I, ch. 3, § 8.

de l'humanité, voudroient nous persuader qu'elle est destinée à tourner sans fin dans le cercle fatal des mêmes idées, des mêmes institutions et des mêmes misères.

Le temps et l'espace nous manquent pour présenter ici le tableau des phases diverses qu'offre le développement des nations modernes établies sur les ruines de l'empire romain. L'esclavage peu-à-peu disparut, mais le servage lui succéda ; et bien que le mot peuple eût pris une acception nouvelle, indice d'un immense changement survenu dans la condition des membres de l'état les plus maltraités, la distinction radicale de deux classes, l'une exploitée, l'autre exploitante, l'une destinée à jouir dans l'abondance et l'oisiveté des fruits du travail de l'autre éternellement vouée à toutes les privations, à toutes les souffrances, ne laissa pas de subsister toujours. Une opinion, enracinée dans les intérêts exclusifs d'un certain nombre de familles privilégiées, condamnoit le peuple à labourer la terre, à exercer les arts mécaniques, les métiers nécessaires à l'existence matérielle de la société, en un mot, à être pour elle, dans son dur labeur, ce que sont pour l'individu les animaux auxiliaires de l'homme, ce que les machines tendent à devenir pour la société future, sans qu'il pût ni dût jamais être autre chose qu'un pur instrument de production. Nécessité dès-lors de le maintenir intellectuellement dans un état le plus voisin possible de l'état de la brute, de lui fermer l'accès de la science, exclusivement réservée aux classes dominatrices, ainsi que toutes les jouissances de l'esprit, et tout ce qui donne à l'homme la conscience de ses facultés supérieures, de ses forces intimes, de ses droits et de sa vraie grandeur.

L'histoire entière nous offre donc le spectacle attristant d'une permanente violation des lois naturelles et constitutives du genre humain. Mais, telle est néanmoins la puissance de ces lois, que, toujours violées par les passions, par l'inévitable abus de la liberté morale, elles réclament toujours, et peu-à-peu domptent les résistances que l'égoïsme oppose à leur action. Cela se vit dans la Grèce et à Rome même où le droit populaire finit par vaincre le patriciat; cela se vit surtout quand le christianisme substitua, aux doctrines funestes et dégradantes sur lesquelles se fondoit la servitude antique, la doctrine de l'égalité désormais impérissable. Alors commença un grand travail dans les entrailles de la société, grosse, si l'on peut ainsi parler, d'un monde nouveau dont l'enfantement, préparé durant de longs siècles, est près de s'accomplir; et le mouvement interne qui fatigue la société, les commotions étranges qu'elle éprouve au-dedans d'elle-même, ne sont que les tressaillements de ce monde qu'elle porte en son sein.

A partir de l'époque où se formèrent les nations modernes, si le peuple continua d'être opprimé, nul du moins ne fut dépouillé systématiquement de sa dignité d'homme. L'idée chrétienne d'une commune nature, d'un chef commun et d'une commune loi, rendit religieusement égaux ceux que séparoit une énorme inégalité politique ; et cette contradiction même engendra une lutte opiniâtre, sans autre terme possible que le triomphe complet du principe religieux sur le principe politique ; car celui-ci, essentiellement injuste et faux, n'a d'appui que l'irréflexion, l'ignorance et la force brutale, tandis que la raison et tous les instincts humains prêtent à celui-là leur puissance invincible. Aussi vit-on peu-à-peu se former, par une sorte de végétation sociale dont rien ne peut arrêter le progrès, cet arbre immense qu'on nomme le peuple, et qui, couvrant de ses branches le sol où il a ses racines, tend à étouffer sous son ombre les plantes avides qui tarissent sa sève.

Nous l'avons dit, le genre humain est un, le genre humain c'est le peuple, et dès-lors le problème unique qu'il ait eu jamais à résoudre est d'organiser dans l'unité et d'accroître progressivement, au profit de cette même unité, la masse des biens spirituels et matériels dont la possession est à-la-fois pour l'homme une source de félicité et un moyen de perfectionnement. Le principe chrétien de l'égalité, en affranchissant les personnes, tend incessamment à réaliser l'unité morale du genre humain. C'est le premier pas et le plus grand vers la solution du problème : mais, les personnes affranchies, il reste encore à compléter l'œuvre unitaire par une équitable distribution des biens que possède la société une ; et ceci est proprement la question du peuple. Elle se divise en deux branches étroitement liées ensemble, question politique, question économique. Nous ne voulons ni ne pouvons traiter la première. La question économique a été jusqu'ici résolue de deux façons, par l'esclavage chez les anciens, par le salaire chez les modernes, et cette dernière solution s'est montrée de fait tellement insuffisante, elle a produit de nos jours de si douloureuses conséquences, que quelques esprits éperdus se sont demandé si mieux ne vaudroit pas la solution antique. Ils oublient que celle-ci impliqueroit l'abandon du principe d'égalité ou d'unité morale, abandon aussi impossible qu'il l'est, tant que la vie subsiste, de perdre la conscience de soi. Ils auroient dû plutôt reconnoître que la solution moderne, incapable de conduire la société jusqu'au but que lui marquoit le principe régulateur de son développement, n'étoit qu'une solution passagère, accommodée à des époques de transition, et utile seulement en ce qu'elle servoit à en préparer une autre.

Que sera cette solution si ardemment appelée par l'humanité souffrante ? Chacun s'en inquiète, chacun s'efforce de la découvrir. On sent qu'elle existe, qu'elle existe près de nous, car le besoin qu'en ont les peuples est pressant, immense. On la cherche, comme Cérès, la nourrice des hommes, cherchoit, un flambeau à la main, sa fille dans la nuit. Mais la nuit n'est pas si profonde qu'une lueur toujours moins pâle n'éclaire les sentiers où l'on marche. Chaque jour on discerne plus nettement et l'on apprécie mieux les éléments en quelque sorte matériels du problème à résoudre. A cet égard, on doit louer presque sans restriction les travaux contemporains. Mais, sous un autre point de vue, ils offrent une lacune effrayante. Préoccupé de l'homme physique, on oublie trop l'homme religieux et moral : et pourtant point de progrès réel, point d'améliorations larges et durables, si elles n'émanent du fond même des âmes, si elles ne présentent un caractère de spontanéité qui les rattache aux lois les plus élevées de notre nature.

Les obstacles extérieurs au bien désiré ne

sont pas les seuls qu'on ait à vaincre; il en existe d'autres plus cachés et plus puissants peut-être. Souvent la justice n'est qu'un prétexte, un voile dont s'enveloppe l'intérêt privé. Mais ce qui manque surtout, c'est l'amour, et l'amour des hommes a défailli, parce qu'il n'y a point d'amour de Dieu. On voit bien des têtes qui fermentent à la vue des maux de la société, des esprits qui en cherchent le remède, de sèches raisons qui jettent leurs calculs entre le pauvre et le riche, entre l'homme de jouissance et l'homme de souffrance, et qui se figurent par là sauver le monde. Mais tout cela est stérile, dénué de vie, en dehors des vraies lois de la nature humaine; c'est de la mécanique appliquée aux êtres animés qui sentent et qui veulent. On n'organise point matériellement l'affection mutuelle, le dévouement, le sacrifice; et sans le sacrifice, le dévouement, l'affection, que ferez-vous? Bel instrument que la force pour réaliser la vie! et le plus grand bien-être auquel on aspire, qu'est-ce, sinon une plus abondante communication de la vie? Quelques-uns ont froid, et vous dites: C'est qu'on n'a pas réparti équitablement les rayons du soleil; comptons ce qui nous en arrive chaque jour, et faisons-en une distribution plus égale. Et moi je vous dis: Étendez les bras et réchauffez votre frère sur votre sein. Votre science n'est qu'une folie, et votre justice qu'une dérision, quand elle n'est pas un meurtre. En voilà qui ont faim, c'est que d'autres mangent trop; c'est le résultat de la propriété : établissons que le pain désormais n'appartiendra privativement à personne ; chacun en recevra selon ses besoins. Insensés ! dans quelle balance les pèserez-vous ces besoins indéfiniment variables ? C'est l'amour qui pèse la souffrance au fond du cœur, là où gît le trésor inépuisable qui la soulagera. Vous n'avez que des vues, des pensées matérielles, mais l'homme n'est matière que par une foible portion de lui-même et la plus basse ; c'est pourquoi ses lois vous échappent : vous les cherchez dans la boue de la terre, elles sont dans la lumière de Dieu.

FIN DU PREMIER VOLUME.

TABLE

DES MATIÈRES DU TOME PREMIER.

www.ingramcontent.com/pod-product-compliance
Ingram Content Group UK Ltd.
Pitfield, Milton Keynes, MK11 3LW, UK
UKHW021135260726
13994UKWH00001B/153